APOCALYPSE
HITLER

Des mêmes auteurs

La Blessure, la tragédie des harkis
avec Mickaël Gamrasni, Acropole, 2010

La Traque des nazis,
avec Beate et Serge Klarsfeld, Acropole, 2010

Apocalypse, la 2ème Guerre mondiale,
Acropole, 2009

Livres de Daniel Costelle

Eva Braun, dans l'intimité d'Hitler, L'Archipel, 2007

8 mai 1945, la capitulation, L'Archipel, 2005

Images inconnues de l'aviation, Le Cherche Midi, 2003

Le XXe siècle raconté à Clémentine, Le Rocher, 1999

Lorsque Marie paraît, Robert Laffont, 1993

Fatima, un miracle et trois secrets, François Bourin, 1991

Une sacrée guerre ! avec Pierre Clostermann,
Flammarion, 1990

Ma vie pleine de trous, avec Alphonse Boudard, Plon, 1985

Histoire de la marine, Larousse, 1981

Histoire des Jeux olympiques, Larousse, 1980

Histoire des trains, Larousse, 1979

Histoire de l'aviation, Larousse, 1978,
ouvrage couronné par l'Académie française

Les Prisonniers, Flammarion, 1974

Conception maquette et mise en page : Olivier Caldéron

ISBN : 978-2-7357-0358-6

N° d'éditeur : 111

Dépôt légal : octobre 2011

Retrouvez-nous sur Internet : www.editions-acropole.com

Principales émissions et séries d'Isabelle Clarke et Daniel Costelle

Apocalypse, la Première Guerre mondiale (en préparation, 2014)

Apocalypse Hitler, France 2, 2011

L'Occupation intime, TF1, 2011

La Blessure, la tragédie des harkis, France 3, 2010

Apocalypse, la 2ème Guerre mondiale, France 2, 2009

Lindbergh, France 3, 2008

Eva Braun, TF1, 2007

La Traque des nazis, France 2, 2007

Sur la piste d'Alto, France 3, 2006

8 mai 1945, France 3, 2005

Les Ailes des héros, France 3, 2003

Les Voyages de Clémentine, France 3, 2003

Guerre, censure et télévision, France 3, 2003

La Fête des mères, France 5, 2002

Les 13 vies du chat Lelouch, France 2, 2002

Jean-Paul II, France 3, 2001

Sexe, censure et télévision, France 2, 2001

Les Marines dans la guerre du Golfe, France 3, 2000

Images inconnues, le vingtième siècle, France 3, 1999

Images inconnues, la guerre du Vietnam, France 3, 1997

Collection *Un siècle d'écrivains,* France 3, 1995-1996
Dos Passos
Paul Éluard
Lawrence Durrell

Les Oubliés de la Libération, TF1, 1994

La Grande Menace, les sous-marins nucléaires soviétiques,
France 2, 1994

Christophe Colomb ou la découverte, France 2, 1992

Y avait-il une vie avant la télé ? Canal+, 1994

Apparitions, long métrage, 1991

Daniel Costelle
Isabelle Clarke

APOCALYPSE HITLER

ACROPOLE

Quand Hitler sera le dictateur
de l'Allemagne, il appliquera
ce qu'il a écrit dans son livre,
Mein Kampf :
« Une race plus forte
chassera les races faibles,
car la ruée finale vers la vie
anéantit les faibles,
pour donner leur place
aux forts. »

Comment Hitler a-t-il réussi
à prendre le pouvoir
et à devenir le chef, le Führer ?

Adolf Hitler
né le 20 avril 1889.

Se suicide
le 30 avril 1945.

Comment cet Autrichien
venu de nulle part
a-t-il réussi à conquérir
l'Allemagne ?

Sur quel terreau
a-t-il semé la haine
et la violence ?

Comment Hitler et les nazis
ont-ils fait basculer le monde
dans l'Apocalypse ?

Avant-propos

La série de six heures *Apocalypse, la 2ème Guerre mondiale*, diffusée en septembre 2009 sur la chaîne de télévision France 2, a obtenu un succès qualifié d'historique, tant en France (près de seize millions de téléspectateurs) qu'à l'étranger, dans des pays plutôt réfractaires aux documentaires français, comme les États-Unis, la Grande-Bretagne, l'Allemagne ou le Japon. Le réseau National Geographic a montré la série dans 167 pays, ce qui représente une centaine de millions de téléspectateurs, dans le monde entier.
La série a fait l'objet, avec succès, d'une adaptation aux éditions Acropole. C'est ainsi qu'est née cette collection « Apocalypse » dans laquelle a été publié ensuite, en 2010, *La Traque des nazis*, écrit en collaboration avec nos amis Beate et Serge Klarsfeld, d'après notre film réalisé lui aussi pour France 2. Voici maintenant *Hitler*, d'après nos deux films pour France 2. Comme les ouvrages précédents, ce livre est le reflet de la série télévisée. C'est-à-dire qu'il donne à voir le texte du commentaire, enrichi de notes historiques, et les principaux moments des films, en images arrêtées. Ces instantanés n'ont été pris par aucun photographe, ce qui leur donne le statut d'inédit, ce qui est rare.

D'ailleurs, tout dans ce projet *Hitler* est marqué au sceau de l'inédit. Nos conseillers et assistants ont très soigneusement étudié cette question : combien de films sur Hitler ont-ils été produits en France ? À notre connaissance, aucun. Il y a bien eu un film allemand traduit et diffusé sur Arte, mais pas, semble-t-il, de tentative filmée d'explication du monstre, depuis 1945. Nous nous sommes étonnés de cette situation, à première vue paradoxale, puisqu'Hitler est, avec Napoléon, le personnage historique le plus connu dans le monde. Mais la complexité du personnage et de son accession au pouvoir, sa manière aussi de falsifier sa propre histoire et de brouiller les pistes sont telles que nous comprenons cette réticence des cinéastes.

Nous nous y sommes attaqués parce que nous avons entrepris de raconter avec *Apocalypse* la saga du xxe siècle, un siècle qui n'a pas connu un seul jour de paix. En commençant par la naissance d'Hitler en 1889. C'est *Apocalypse, Hitler*. Puis viendront *Apocalypse, la Première Guerre mondiale*, prévue pour le centième anniversaire du conflit, en 2014. Se place ensuite la série originelle, *Apocalypse, la 2ème Guerre mondiale*, suivie d'une nouvelle série, *Apocalypse, la Troisième Guerre mondiale*, qui relatera ce qui fut appelé, à tort, la guerre froide. De 1889 à 1989 et la chute du Mur de Berlin, c'est vraiment le siècle d'Hitler.

Ce livre – comme les deux émissions dont il est tiré – s'arrête en 1934, après la nuit des Longs Couteaux, marque sanglante de la fin du processus de destruction de la démocratie en Allemagne et de l'établissement de la dictature. C'est la « montée au pouvoir » ; une période certainement en résonnance avec celle d'aujourd'hui et dont le récit peut être utile aux jeunes générations. Nous voulons avant tout répondre à cette question obsédante :

« Comment Hitler a-t-il été possible ? »

Le livre d'Hitler, *Mein Kampf*

Le premier volume de *Mein Kampf*, rédigé dans la prison de Landsberg où Hitler purge sa peine au lendemain du putsch manqué de Munich, est publié le 18 juillet 1925. Le second tome paraît le 11 décembre 1926. C'est la maison d'édition du parti, Franz Eher Verlag, dirigée par l'ancien compagon de guerre Max Amann, qui est chargée de la publication. Dans la version originale, le livre compte 694 pages ; il est vendu 12 Reichsmarks, ce qui est relativement élevé à l'époque. Avant l'arrivée d'Hitler au pouvoir, le succès espéré est loin d'être avéré : jusqu'en 1929, il ne se vendra que 23 000 exemplaires du premier volume et seulement 13 000 du second ; un honnête succès de librairie, sans plus. Cependant, après 1930, les ventes vont s'indexer sur les gains électoraux du NSDAP.

En 1933, Hitler peut se vanter de renoncer à son traitement de chancelier du Reich. Les droits d'auteur lui permettront d'acheter le *Berghof*, son chalet de Berchtesgaden et, bien sûr, d'alimenter les caisses du parti. Dès 1933, *Mein Kampf*, désormais disponible en différents formats – une version « luxe » pour les dignitaires du régime, de multiples versions étrangères et même une version en braille –, devient une référence politique. À partir de cette même année, les deux volumes de *Mein Kampf* constituent le cadeau de mariage de l'État aux couples allemands. Le tirage total est estimé à dix millions d'exemplaires sur le seul marché national, ce qui signifie que près d'un foyer allemand sur deux a possédé *Mein Kampf*.

Il est difficile, en revanche, de savoir combien ont réellement lu le livre d'Hitler. Dans les années 1970, l'historien allemand Werner Maser s'est penché sur la consultation de *Mein Kampf* en bibliothèque. À la différence de l'achat – qui n'implique pas nécessairement la lecture –, l'emprunt en bibliothèque représente une démarche volontaire. Il apparaît que les pics de consultation correspondent à des périodes de crises ou de troubles. C'est ainsi que les prêts se multiplient en 1933, lorsque Hitler est nommé chancelier, en 1938, au lendemain de l'Anschluss et sur fond de crise des Sudètes, et fin 1939 avec l'invasion de la Pologne.

Au même moment, les ventes en librairie augmentent elles aussi. Ce regain d'intérêt, qui se manifeste chaque fois que la paix est menacée, fonctionne un peu comme un retour aux « sources » : et si l'homme qui a redressé la nation, résorbé le chômage, jugulé l'inflation, était aussi celui qui pourrait engager le pays dans des aventures incertaines ? Chacun s'attache à décrypter les intentions du Führer dans ce livre qui, globalement, aura été très peu lu. D'ailleurs, confesser ne pas l'avoir lu constitue une ligne de défense communément adoptée après la guerre.

Difficile, également, de se plonger dans la lecture de ce volumineux pensum. La première impression est celle d'être confronté à une écriture sans naturel, qui semble résulter d'une convulsion. Les erreurs, en dépit des efforts rédactionnels de plusieurs de ses proches, sont innombrables et s'expliquent, sans aucun doute, par la fausse érudition de son auteur. Rudolf Olden, un écrivain allemand antinazi dont le livre, *Hitler the Pawn*, a été publié à Londres en 1936, a eu l'occasion de mettre en lumière les nombreuses entorses infligées à la logique par les métaphores d'Hitler.

Parlant de la misère, l'auteur de *Mein Kampf* écrit : « Qui ne s'est pas trouvé pris dans les pinces de cette vipère qui vous enlace ne saura jamais ce que sont ses dents empoisonnées. » Ce qui rappelle la fameuse bourde du feuilletoniste populaire français du XIXe siècle, Ponson du Terrail : « Sa main était froide comme celle d'un serpent. » Le style prétentieux du livre, les longues digressions ampoulées, l'égocentrisme monotone et quasi maniaque de son auteur, auquel fait écho une totale absence d'humanité, ont incontestablement contribué à en compliquer l'accès.

Il existait toutefois bien des moyens d'accéder à la pensée développée par Hitler dans *Mein Kampf*. En effet, de nombreux fascicules ou brochures résumaient l'ouvrage, comme *Que veut Adolf Hitler ?* du nazi munichois Philipp Boulher (1932), ou *Le Peuple et la Race*, opuscule de 50 pages constitué par des extraits de *Mein Kampf*, vendu en 1936 à 500 000 exemplaires.

En dépit de ses insuffisances littéraires, du caractère indigeste de sa lecture, du bricolage idéologique résultant d'une compilation arbitraire des nombreuses théories qui, depuis le XIXe siècle, constituent le fond d'un obscur nationalisme pseudoscientifique, *Mein Kampf* contient tous les éléments de l'idéologie national-socialiste.

Tout ce qu'Hitler projetait véritablement se trouve bien-là, même si ses contemporains ne l'ont pas toujours trouvé. À qui sait se frayer un « passage » dans ce corpus convulsif, il apparaît que la volonté d'expansion, l'antimarxisme et l'antisémitisme, rassemblés en une idéologie de combat sous l'égide d'un darwinisme de bazar, formaient bien la vision du monde du futur maître du IIIe Reich.

Adolf Hitler a écrit en 1924 le livre de la haine, *Mein Kampf* (Mon Combat), qui se termine par ce cri fanatique : « Un État qui refuse la contamination des races doit devenir un jour le maître de la terre. »

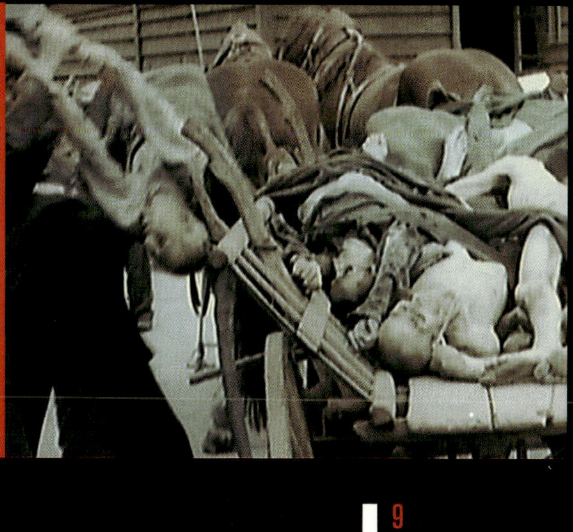

1914 la Première Guerre mondiale

Discours de Guillaume II du 31 juillet 1914

Vers 19 h 30, le Kaiser, sa femme et le prince Adalbert sont apparus sur le balcon du château de Berlin du côté du Lustgarten. Pour répondre aux hommages enthousiastes de la foule, le Kaiser, l'empereur, dit : « Une heure difficile s'est abattue sur l'Allemagne. Les pays envieux qui sont tout autour nous obligent à une défense juste. On nous contraint à prendre l'épée. Si je ne parviens pas malgré tous mes efforts dans ces dernières heures à raisonner l'ennemi et à préserver la paix, j'espère que nous combattrons avec l'épée avec l'aide de Dieu de telle sorte que nous la remettrons dans le fourreau avec honneur. La guerre exigerait de nous d'énormes sacrifices avec beaucoup de pertes matérielles et de sang versé. Mais nous montrerons à l'ennemi ce qu'il en coûte de provoquer l'Allemagne. Et désormais, je vous recommande à Dieu, me rends à l'église, m'agenouille devant Dieu afin de lui demander de l'aide pour notre armée pleine de bravoure. »

Discours de Guillaume II du 1er août 1914

La foule a envahi le Lustgarten et la place devant le château. On entend des chants patriotiques. L'empereur arrive vers 19 h 30 à la fenêtre centrale du château, au premier étage. La foule est en liesse. Après quelques instants, la femme du Kaiser est apparue aux côtés de son mari. Le Kaiser commence à parler : « Je vous remercie pour tout l'amour et la fidélité que vous m'avez témoignés en ce jour. Ils ont été sincères comme jamais auparavant. S'il doit y avoir la guerre, il ne doit plus y avoir de partis. En temps de paix, j'ai certes été attaqué par tel parti ou tel parti, mais je le leur pardonne désormais du fond du cœur. Je ne connais plus ni parti, ni confession, nous sommes aujourd'hui tous des frères allemands, rien que des frères allemands. Si nos voisins ne nous permettent pas de vivre en paix, nous espérons et nous souhaitons que nous sortirons avec notre bonne épée allemande vainqueurs du combat. »

Depuis novembre 1914, le caporal Adolf Hitler est estafette, porteur de messages au 16e régiment d'infanterie de Bavière. Il court de tranchée en tranchée pour transmettre les ordres.

Le porteur de dépêches, une affectation dangereuse.

Hitler, caporal en 1916.

Hitler écrit dans *Mein Kampf :* « La Première Guerre mondiale a été le moment le plus inoubliable et le plus sublime de mon existence terrestre. »

En 1915, Hitler se trouve sur le front nord, dans les Flandres, face aux troupes britanniques. Il a encore une moustache longue, qu'il sera obligé de couper pour pouvoir porter le masque à gaz de l'armée allemande, très ajusté.

Dans les tranchées

Hitler, avec son casque à pointe,
caporal dans l'armée allemande (1918).

Hitler est décoré de la croix de fer le 4 août 1918. Il portera toujours cette décoration, en dessous de l'insigne du parti nazi.

C'est pendant la guerre de 1914-1918 qu'Hitler apprend à mépriser la valeur de la vie humaine, comme beaucoup de soldats lors de ce terrible conflit. Il devient, graduellement, un nationaliste forcené.

Dans les tranchées naît aussi l'idée confuse qu'il pourrait, un jour, témoigner ou militer pour ses compagnons de misère. En somme, faire de la politique.

Dans la nuit du 13 octobre 1918, une attaque d'obus à gaz le rend momentanément aveugle. Il est évacué vers un hôpital de l'arrière, puis en Allemagne. Pendant ce temps, sur le front, les armées allemandes refluent et les prisonniers sont nombreux.

Une succession d'événements va précipiter cet engagement politique. Hitler saura toujours exploiter sa camaraderie avec les anciens combattants. Ainsi, en 1933, dans ce discours aux ouvriers de la firme Siemens :

« Chers compatriotes, chers travailleurs allemands, je suis issu de vos rangs, j'ai été un des vôtres et j'ai été parmi vous pendant les quatre années de guerre. Puis, progressivement, grâce à ma persévérance, en m'instruisant et par l'épreuve de la faim, je m'en suis sorti ! »

Hitler pendant la Première Guerre mondiale

En mai 1913, Hitler s'installe à Munich, probablement pour échapper au service militaire autrichien. La police autrichienne retrouve sa trace, mais il réussit à se faire réformer. Toutefois, il accueille la déclaration de guerre avec enthousiasme et réussit à s'engager dans l'armée bavaroise. Il existe une photographie, certainement un montage nazi, le montrant au milieu de la foule, le jour de la déclaration de guerre (voir p. 36). Il est (ou serait ?) sur la place de l'Odéon, à Munich, la bouche entrouverte, les yeux ardents, partageant l'enthousiasme collectif.

Hitler a 25 ans, ce 1er août 1914. Il pressent que le déclenchement des hostilités va lui permettre de tourner la page de son existence d'artiste raté. Il écrira à ce sujet : « Pour ma part, ces heures furent comme une délivrance des pénibles impressions de ma jeunesse. Je n'ai pas honte de dire qu'emporté par un enthousiasme tumultueux, je tombai à genoux et remerciai le ciel de tout cœur. »

Comme beaucoup de ses contemporains, Hitler voit dans la guerre un phénomène de purification, la perspective de se libérer de la médiocrité. Ce credo explique d'ailleurs en bonne partie que la mobilisation en Allemagne, comme en France, ait donné lieu à tant de manifestations d'allégresse.

Affecté début septembre 1914 au 16e régiment d'infanterie de Bavière, il connaît le baptême du feu le 26 octobre dans la première bataille d'Ypres, l'une des plus sanglantes de la phase initiale de la Grande Guerre. Le 9 novembre, alors qu'il est caporal depuis six jours, il est affecté comme estafette (porteur de messages) à l'état-major du régiment.

Il ne prend plus part aux vagues d'assaut qui déciment ses camarades, mais le poste l'expose néanmoins à de réels dangers. Il faut en effet porter les courriers sous la mitraille. D'ailleurs, le nombre important des agents de liaison qui ont péri lors de leurs missions atteste que l'affectation n'est pas sans risque. En dépit de beaucoup d'affirmations contraires, il fait sans doute preuve de courage. Lors d'une marche de reconnaissance, alors que le détachement est pris sous un tir de mitrailleuses ennemies, il se jette devant son colonel pour le protéger. Dès le mois de décembre 1914, sa conduite lui vaut d'être décoré de la croix de fer de 2e classe : « Ce fut le plus beau jour de ma vie, écrit-il à son logeur à Vienne, le tailleur Popp (ce qui lui permettait d'être toujours bien habillé), mais mes camarades qui méritaient la même distinction sont presque tous morts. »

En juillet 1916, en marge de la bataille de la Somme, son régiment combat dans les tranchées près de Fromelles, dans le nord de la France. Le 2 octobre, son détachement est engagé sur la Somme. Quelques jours plus tard, un obus explose dans l'abri des estafettes, tuant et blessant plusieurs d'entre eux. Touché à la cuisse gauche, Hitler est dirigé vers l'hôpital de campagne, puis près de Berlin où il passe deux mois avant de reprendre du service. À l'hôpital, il est consterné d'entendre les hommes se vanter de leurs simulations ou raconter comment ils se sont débrouillés pour s'infliger des blessures superficielles afin d'échapper au front.

On le retrouve le 5 mars 1917, toujours au sein du même régiment, à quelques kilomètres au nord de Vimy. Puis, dans le courant de l'été, le régiment retourne dans le secteur d'Ypres. À la mi-juillet 1917, le régiment est relevé et transféré en Alsace. Après avoir bénéficié d'une permission à la fin du mois de septembre, il rejoint ses camarades en Champagne, avec lesquels il va prendre une part active de mai à août 1918 aux combats de la seconde bataille de la Marne. C'est à l'occasion de cet engagement qu'Hitler reçoit, le 4 août 1918, la croix de fer de 1re classe, une distinction rarement accordée à un simple caporal. Ironie du sort, c'est un officier juif, le lieutenant d'artillerie Hugo Gutmann, qu'il devra remercier de sa nomination. Si Hitler s'est décrit dans *Mein Kampf* sous les traits d'un soldat plus héroïque qu'il ne le fut réellement, ce que l'on sait de son comportement lors du conflit dessine incontestablement un combattant au sang-froid avéré, n'hésitant pas à s'exposer au feu.

D'ailleurs, il aime la guerre et le modèle de société militaire, non sans critiquer les faiblesses de l'arrière, qu'il attribue aux Juifs. Les témoignages de ses supérieurs montrent un homme calme, consciencieux et d'un tempérament grave. Lorsqu'il se libère occasionnellement de ses rêveries, ce n'est pas pour se plaindre des difficultés de la vie militaire – la saleté, la nourriture, la fatigue –, mais pour libérer son angoisse au sujet de la victoire, ses suspicions concernant la trahison ou la présence d'ennemis invisibles. Dans la nuit du 13 octobre 1918, il est gazé aux yeux. La double nouvelle de la défaite et de la révolution le surprend dans un hôpital militaire de Poméranie. Il est abasourdi. Et comme il l'écrira dans *Mein Kampf,* il associe déjà les troubles intérieurs de l'Allemagne aux dirigeants sociaux-démocrates, qu'il considère comme « mûrs pour la corde ». Ce séjour à l'hôpital de Pasewalk aura une grande importance, parfois exagérée par certains historiens.

1918 la défaite de l'Allemagne

Un soldat allemand se fait voler son dernier bien, sa pipe, par un soldat français.

Le regard du Français, à gauche, et celui de l'Allemand, à droite, sont significatifs.

Prisonniers, les soldats du Kaiser, l'empereur d'Allemagne Guillaume II, tiennent à conserver leur dignité en traversant les villages français ou belges qu'ils ont ravagés pendant quatre ans.

La haine est toujours présente, attisée par certains gestes déplacés des vainqueurs.

Le reste de l'armée allemande commence à battre en retraite en bon ordre, avec son armement. Ses soldats garderont l'amertume d'une défaite que les propagandistes d'extrême droite attribueront à ceux de l'arrière, qui ont perdu leur sens de la patrie, en entamant des pourparlers avec l'ennemi…

La « mission » d'Hitler

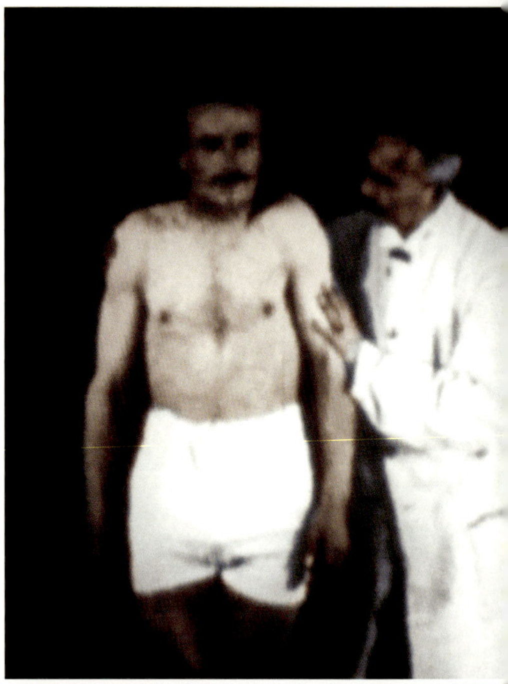

En novembre 1918, Hitler est en convalescence à l'hôpital militaire de Pasewalk, au nord de Berlin, en Poméranie, où l'armée soigne les séquelles des désordres nerveux dus aux combats. Il se remet lentement et finit par retrouver la vue. C'est à ce moment-là que se joue un épisode qu'Hitler considère comme décisif. Hitler raconte que lorsqu'il apprend l'abdication de l'empereur, la fin de la monarchie, la création d'une république et l'armistice du 11 novembre 1918 qui consacre la défaite allemande, il a entendu une voix intérieure : « Cette voix m'a appelé à libérer le peuple allemand et à restaurer la grandeur de l'Allemagne. »

Hitler en convalescence à l'hôpital militaire de Pasewalk, en novembre 1918.

Au-dessus du buste d'Hitler :
« C'est alors que j'ai décidé de faire de la politique. »

Hitler n'aura de cesse de broder sur cet épisode et il fera de cet hôpital un véritable temple dédié à sa miraculeuse « mission ». Au-dessus de son buste seront gravées ces lignes tirées de *Mein Kampf* : « C'est alors que j'ai décidé de faire de la politique. »

À cette hallucination Hitler ajoutera son obsession : pour lui, l'aigle allemand a été poignardé par les Juifs. Il écrit dans *Mein Kampf* : « Si l'on avait, au début et au cours de la guerre, tenu une seule fois douze ou quinze mille de ces Hébreux corrupteurs du peuple sous les gaz empoisonnés, le sacrifice de millions d'hommes n'eût pas été vain. »

Plus tard, Hitler fera inscrire sur le vitrail de l'hôpital le slogan nazi :
« *Deutschland Erwache* », « Allemagne, réveille-toi ! »

L'antisémitisme

Déjà à la fin de l'année 1916 les chefs de l'armée impériale, le maréchal Hindenburg et son adjoint, le général Ludendorff, avaient ordonné, dans une dérive ultranationaliste, un recensement des militaires juifs soupçonnés de ne pas être patriotes. Brillants généraux mais esprits ultrarigides, ultraconservateurs, Hindenburg et Ludendorff vont jouer un grand rôle dans l'accession d'Hitler au pouvoir.

Hindenburg (à gauche) et Ludendorff, les deux grands chefs de l'armée allemande.

L'antisémitisme allemand avant, pendant et après la Première Guerre mondiale

L'antisémitisme a prospéré en Allemagne bien avant l'avènement d'Hitler. Dans sa version laïque, qui prend le relais, à partir du xixe siècle, de l'antisémitisme chrétien, il sert d'exutoire aux désarrois du temps.

De son côté, le « darwinisme social et racial » va trouver en Allemagne un terreau plus favorable qu'ailleurs. Ici, bien avant 1914, le pangermanisme a martelé l'idée d'une nation appelée à dominer le monde. La jeunesse de l'État allemand – l'empire voit le jour en 1871, au lendemain de la victoire contre la France – explique en partie la « vitalité » de l'antisémitisme allemand. Cette naissance tardive d'un État en Europe a renforcé l'aspiration à donner le jour à une communauté homogène de type ethnique, à forger une identité commune destinée à rapprocher des citoyens séparés par des particularismes de toutes sortes. Lorsque Heinrich von Treitschke (1834-1896), membre éminent du Parti libéral national, justifie son antisémitisme par la référence à la fragilité du nouvel État, il se fait l'écho d'une inquiétude générale. Ce qu'il résume dans une formule lapidaire : « Les Juifs sont notre malheur. » L'achèvement de l'unité allemande sous l'égide du militarisme prussien a comme corollaire le culte de l'Allemagne ancestrale et aristocratique.

Ainsi, dans les années 1870, les Juifs sont perçus par la plupart de leurs compatriotes comme un corps étranger à la nation. Ils sont certes devenus des citoyens de l'empire, mais ils ne sont pas considérés comme des membres du *Volk* allemand (le « peuple », au sens de race). Ils sont désignés comme appartenant à une race inférieure, dont le projet est d'insuffler sa substance étrangère au corps germanique. Peu à peu, se dessinent les caractéristiques physiques, morales, culturelles des Juifs : ils sont représentés selon un système dualiste qui les met en opposition, terme à terme, avec les caractéristiques « vertueuses » des antisémites : le nomade et le sédentaire, l'or et le sang, le mensonge et la vérité, la lâcheté et l'héroïsme. L'antisémitisme est également l'héritier de l'histoire confessionnelle de l'ancien Reich. En effet, la division entre protestants et catholiques – et les nombreux conflits qu'elle a suscités – a imprégné l'histoire de l'Allemagne. Progressivement s'est répandue, sous le IIe Reich, l'idée qu'un lien religieux devait servir de socle à la nation.

L'antisémitisme date de toujours et vient de partout. Poursuivis par cette fatalité, les Juifs, qu'ils soient les pauvres des ghettos ou les bourgeois dits « assimilés », servent périodiquement de boucs émissaires pour toutes les crises. En Russie, au début du xxe siècle, ils venaient d'être victimes de massacres, les « pogroms », et beaucoup avaient fui cette persécution, jusqu'en Allemagne.

Lorsque le philosophe et orientaliste allemand Paul de Lagarde (1827-1891), descendant de protestants français chassés par Louis XIV, parle de la nécessité d'une « religion nationale », il se fait l'écho d'une idée de plus en plus partagée : les Juifs doivent impérativement choisir entre leur religion ou devenir des Allemands à part entière. Le mouvement *völkisch*, dont Lagarde est une figure de proue, revendique de façon virulente cette irritation identitaire latente à propos de la religion et appelle de ses vœux une réforme politique et religieuse. Si Lagarde occupe une place prépondérante dans l'affirmation de l'antisémitisme en Allemagne, c'est parce que ses idées – espace vital, construction d'une Mitteleuropa sous domination germanique – illustrent la lente transition d'un nationalisme libéral et romantique vers un nationalisme raciste. Les difficultés économiques que connaît l'Allemagne dès la fin des années 1870 alimentent à leur tour un antisémitisme anticapitaliste, antilibéral et nationaliste. Pour sa part, Bismarck s'emploie à instrumentaliser la multitude des mouvements antisémites, voyant en eux des alliés contre la montée du libéralisme politique.

Dès le début du xxe siècle se constitue, dans les sphères dirigeantes, un foyer antisémite virulent, ainsi qu'en témoignent les réactions aux troubles révolutionnaires qui commencent à agiter la Russie, troubles communément attribués à l'action des Juifs. Au lendemain de la défaite de 1918, le rejet des Juifs s'exacerbe. Dans l'entre-deux-guerres, les Juifs deviennent des boucs émissaires dans la mesure où ils sont tenus pour responsables de la défaite. En effet, le mythe du « coup de poignard dans le dos » comprend une large dimension antisémite. Pendant toute la république de Weimar, l'antisémitisme ne faiblit pas. Loin s'en faut. La jeune république ne parvient pas à lutter contre la montée d'un nationalisme agressif attisé par le rejet du « Diktat de Versailles ». À ses débuts, elle compte plus de cent associations nationalistes et antisémites. Depuis 1918, les tracts antisémites prolifèrent en Allemagne, appelant plus ou moins ouvertement à des pogroms. La conception de la nation comme émanation de la race, du sang et du sol a pour effet de placer le « particularisme juif » au cœur de la société allemande. Ce qui explique que, contrairement au cas de l'Italie de Mussolini, l'antisémitisme sera un élément central du fascisme allemand. Sur ce point, et avant *Mein Kampf*, le « Programme fondamental du Parti ouvrier allemand national-socialiste » (1920) est sans ambiguïté : « Nul Juif ne saurait être membre de la communauté nationale. »

Julius Streicher et *Der Stürmer*

Julius Streicher (1885-1946) est un petit instituteur de Nuremberg, antisémite pathologique, qui adhère en 1921 au parti national-socialiste. Il fait donc partie, à 36 ans, des premiers compagnons d'Hitler. Deux ans auparavant, il s'est lancé dans la politique en fondant une autre organisation antisémite, le *Deutsch-Soziale Partei*.

En 1923, il lance *Der Stürmer* (l'Attaquant), un hebdomadaire uniquement consacré à la dénonciation du rôle des Juifs dans la société allemande. Sous les formes les plus diverses, dénonciations et appels au meurtre, Streicher répand le racisme. En 1925, Hitler le charge de diriger le parti à Nuremberg. Streicher en fait l'une des forteresses du nazisme.

En 1929, il est élu député. Orateur infatigable, il enthousiasme les auditeurs acquis à sa cause par l'outrance de ses propos et leur caractère quasi pornographique. Si, à sa création, son journal n'est diffusé qu'à 2000 ou 3000 exemplaires, dès la prise de pouvoir d'Hitler, son tirage monte à 65000 exemplaires avant d'atteindre le chiffre de 500000 exemplaires trois ans plus tard, grâce essentiellement au soutien des différentes sections locales du parti nazi. Afin d'être diffusé le plus largement possible, *Der Stürmer* est facilement disponible dans toutes les agglomérations grâce au réseau des petites boîtes placées dans les rues, et dans lesquelles les passants peuvent retirer un exemplaire.

Julius Streicher ne se limite pas à distiller la haine dans son organe de presse, il participe activement aux différentes phases de la répression antisémite. En 1933, il prend la tête d'un comité d'action contre les Juifs qui organise, le 1er avril 1933, la première grande manifestation collective d'antisémitisme d'État : le fameux boycott de tous les magasins juifs. Streicher joue ensuite un rôle important dans l'établissement des lois dites de Nuremberg, en 1935, qui instaurent un véritable apartheid en Allemagne, avec notamment l'interdiction des relations sexuelles entre Allemands et Juifs. Fanatique et psychopathe, Julius Streicher fait montre également d'une grande ambition. Il dirige parfois ses traits les plus acérés contre ses collègues du parti, que sa vulgarité arrive même à choquer. C'est ainsi qu'il s'attaque directement à Goering en distillant le soupçon – assez répandu en Allemagne à l'époque – que la fille que Goering a eue de l'actrice Emmy Sonnemann est le fruit d'une insémination artificielle, du fait de l'impuissance du numéro deux du régime, blessé au bas-ventre pendant le putsch raté de Munich de 1923.

Goering et Goebbels font pression sur Hitler pour déposséder Streicher de toutes ses fonctions officielles. Mais ils n'obtiennent pas le licenciement du directeur du *Stürmer*, dont le Führer est un des lecteurs les plus assidus et les plus enthousiastes. Goering parvient quand même à engager une procédure judiciaire qui met au jour les malversations financières auxquelles se livre le fou du *Stürmer*. Streicher profite à titre personnel des persécutions contre les Juifs en agrandissant sa fortune grâce aux expropriations de biens collectifs et individuels.

Avec le *Stürmer*, Julius Streicher joue un rôle central dans l'accélération des mesures antijuives au cours de la première phase du IIIe Reich. Il agit comme aiguillon permanent en exigeant des mesures de plus en plus contraignantes et excluantes, ainsi que comme « caution intellectuelle » à travers la diffusion des pires idées racistes sous un vernis scientifique. Le régime n'hésite pas non plus à le nommer à l'*Akademie für Deutsches Reich*, dans la commission traitant de la philosophie du droit. Streicher utilise alors tous les médias en sa possession pour diffuser ses théories. Il fonde une institution « hygiéniste », *Verein Deutsche Volksheilkunde* « association de médecine du Reich allemand », destinée à promouvoir l'idée de défense de la pureté du sang allemand, et organise une exposition à Nuremberg sur un thème voisin : « *Die Macht des Blutes* » (le pouvoir du sang).

Jusqu'à sa pendaison, Julius Streicher est resté ancré dans sa folie. Il n'a manifesté aucun signe de repentir ou de commisération. Devant les juges instructeurs, puis en public durant le procès des criminels de guerre qui se tiendra justement dans sa ville, Nuremberg, il ne cessera pas de dénoncer le complot juif international dont il se prétend la victime. Il repoussera toute responsabilité dans l'assassinat de millions d'êtres en prétextant qu'il n'a pas pris part à l'administration des camps. Il refusera donc de porter la responsabilité des propos qu'il tenait dans le *Stürmer* quand il appelait à « l'extermination des Juifs ».

Affiche électorale pour les élections au Reichstag de 1928.
(Le poing nazi écrase un juif « rouge »

« Votez pour la liste numéro 10
Il faut taper un grand coup !
Parti ouvrier allemand national-socialiste
(le mouvement hitlérien). »

Pour contribuer à l'histoire de l'antisémitisme

Le Livre des pogroms

Antichambre d'un génocide. Ukraine, Russie, Biélorussie, 1917-1922

Sous la direction de Lidia Miliakova.
Édition française établie par Nicolas Werth.
Traduit du russe par Nicolas Werth,
Patrice Bensimon, Claire Le Foll
et Ekaterina Pichugina.
Paris, Calmann-Lévy/Mémorial de la Shoah.

Article publié dans la revue *Histoire & Liberté*, n° 45, Paris, avril 2011, avec l'aimable autorisation de Pierre Rigoulot, son directeur.

Par Galia Ackerman

La parution de l'édition française de ce livre, pourtant essentiel, n'a pratiquement pas provoqué de réactions de la presse française. Or, il s'agit d'une lacune importante dans l'histoire de l'antisémitisme au xxe siècle : l'histoire des pogroms en Ukraine, en Russie et en Biélorussie pendant toute la guerre civile, entre 1917 et 1922, à travers une somme de témoignages, de divers rapports, de documents juridiques, de notes et de correspondances officielles qui dormaient, depuis des décennies, dans les Archives d'État de la Fédération de Russie (GARF). Grâce au travail méritoire de l'archiviste russe Lidia Miliakova et de quelques-unes de ses collaboratrices, cette lacune est désormais comblée.

Dans sa préface, Lidia Miliakova note, pour commencer, que l'appellation « pogroms » n'est pas suffisante pour désigner le déferlement de violence contre la population juive de l'ex-Empire russe, qui a fait au moins 100 000 tués, 200 000 blessés ou invalides, des dizaines de milliers de femmes violées et 300 000 orphelins. Ces chiffres ne sont absolument pas comparables, par ses dimensions clairement génocidaires, à ceux des pogroms, bien mieux connus, de l'époque tsariste. Rappelons que lors du tristement célèbre pogrom de Kichinev, en avril 1903, 49 personnes ont été tuées et 586 blessées, ce qui a provoqué une réaction indignée des meilleurs représentants de l'intelligentsia russe, et notamment de Léon Tolstoï. Rappelons également que les violences prérévolutionnaires, de dimensions très modestes en comparaison avec celles de la période de la guerre civile, ont été l'une des principales raisons de l'exode massif de la population juive : entre 1881 et 1914, près de deux millions de Juifs russes ont émigré, dont 1 557 000 aux États-Unis.

Quelles étaient les raisons de cette vague de violence antisémite, sans précédent dans l'histoire de l'humanité, au cours de la guerre civile russe ? Lidia Miliakova parle d'une dégradation des liens sociaux, de l'effondrement des valeurs morales, de la dévalorisation du prix de la vie humaine et, parallèlement, d'un phénomène relativement récent, datant de la fin du xixe siècle, mais qui s'est accéléré après l'éclatement de l'Empire : la sortie du peuple juif du monde confiné et périphérique des bourgades juives (le *schtetl*). Ce contact subit de la population générale avec les Juifs, sur le vieux fond de l'antisémitisme religieux et, surtout, sur celui d'une incertitude existentielle dans les temps troubles, a été propice à l'idéologisation des pogroms. Ainsi, en Ukraine (où furent perpétrés trois quarts de tous les pogroms de la guerre civile), circulait un mythe de la « commune juive », avec l'équation remarquable entre les Juifs et les communistes. Le slogan répandu y était : « Bats les youpins, ils sont tous des communistes ! » Certains atamans justifiaient même l'extermination des Juifs par un « devoir national »…

Le recueil des documents est également précédé par un article de fond de Nicolas Werth. D'emblée, il précise que ces plus grands massacres de Juifs avant la Shoah restaient, jusqu'à récemment, en quelque sorte, « à l'ombre de la Shoah », du fait d'un accès aux sources difficile, voire impossible.

Werth fait un aperçu de la situation des Juifs dans l'Empire russe dans les dernières décennies de l'existence de celui-ci et démontre que la pratique des pogroms perpétrés par des unités combattantes devient courante au cours des campagnes militaires de 1915-1916. Parmi la troupe, formée à 90 % des paysans, cette pratique conforte des stéréotypes sur le « Juif traître » ou le « Juif spéculateur ». La vague des pogroms fait un bond quantitatif après la révolution de Février 1917 car le gouvernement provisoire met fin à la discrimination des Juifs et leur ouvre la possibilité d'occuper des postes de responsabilité. Dans le chaos qui s'installe progressivement dans le pays, accompagné de pénuries dans les villes, les pogroms sont initiés surtout par des bandes de déserteurs ou des soldats de garnison devenus maîtres de petites villes qui pillent, violent et massacrent les Juifs, actifs dans tous les partis et dans la vie des soviets locaux, sous prétexte des mêmes stéréotypes.

Cependant, souligne Werth, il existe une différence qualitative entre les pogroms de la Grande Guerre, ceux de 1917 et ceux des années 1918-1921. Si dès 1914, il s'agit de crimes de guerre perpétrés essentiellement par les militaires contre les populations civiles juives, c'est pendant la guerre civile qu'apparaît un antisémitisme doctrinal qui ferait d'une partie du mouvement blanc un véritable « mouvement proto-nazi ». Telle est en tout cas la thèse de l'historien Peter Kenez exprimée déjà en 1992[1].

Vers 1919, la « conjonction fatale » (expression de Richard Pipes) qui associe Juifs et communistes est déjà largement consommée et provoque un mécontentement grandissant de la population, en particulier en Ukraine, réticente à accepter le pouvoir soviétique. Malgré l'adhésion au bolchevisme d'une minorité de Juifs seulement[2], le département de Surveillance et de Propagande de l'armée Blanche (OSVAG) et la presse blanche diffusaient en permanence une lourde propagande antisémite puisant son inspiration dans les *Protocoles des Sages de Sion* et affirmant haut et fort l'équivalence entre le Juif et le bolchevik. Le cahier photos du recueil est édifiant. Y sont reproduites notamment des affiches de l'OSVAG datant de 1919. Sur une, intitulée « Paix et Liberté dans le pays des Soviets », Léon Trotski, gras et velu, assis sur la muraille du Kremlin, surveille une montagne de crânes des victimes de la Tcheka, pendant que ses sbires aux faciès non russes préparent l'exécution d'un malheureux moujik. Sur une autre, une femme dans un couvre-chef typiquement russe est sacrifiée sur l'autel de l'Internationale, couronné d'une tête de Marx. Lénine qui préside le rituel est entouré de dirigeants communistes juifs qui sont prêts à enfoncer leurs couteaux dans la chair de la victime.

Cependant, Nicolas Werth modère les propos de Peter Kenez. Les documents rassemblés dans le recueil montrent qu'un nombre relativement limité de pogroms commis par des unités de l'Armée Blanche déboucha sur des massacres systématiques, où la mise à mort primait sur les autres objectifs, qui restaient avant tout, dans la grande majorité des cas, le pillage et le viol. Or d'autres armées que l'armée Blanche et d'autres chefs de guerre furent responsables de pogroms et de tueries horribles. Ainsi, l'Armée populaire ukrainienne de Simon Petlioura commit davantage de pogroms que l'armée Blanche (bien que Petlioura les réprouvât personnellement) et fut l'auteur des pires atrocités de cette période. Par exemple, à Proskourov, les 15 et 16 février 1919, près de 1 500 Juifs (y compris des vieillards et des bébés) furent massacrés à l'arme blanche par des petits groupes de tueurs cosaques, sur l'ordre de l'ataman Semesenko (commandant d'une unité de l'Armée populaire ukrainienne) qui exigeait l'extermination totale des Juifs, « l'ennemi le plus perfide et le plus dangereux du peuple ukrainien ». Cet acharnement très particulier des Cosaques s'explique, en plus de leur antisémitisme traditionnel, par la campagne de « décosaquisation » menée sans pitié par les bolcheviks. Comme le remarque Werth, la population civile juive payait ainsi pour les massacres de masse perpétrés par l'Armée rouge et les unités spéciales de la Tcheka.

Le recueil ne passe pas non plus sous silence des pogroms perpétrés par certaines unités de l'armée Rouge, et en particulier, l'armée de cavalerie du général Boudienny. Paradoxalement, pour les gardes rouges, les Juifs traditionnels faisaient partie du monde ancien qu'ils combattaient.
Enfin, comme l'explique Werth, les documents de ce recueil permettent de connaître l'ambiance qui précédait les pogroms et « chauffait l'atmosphère ». Au nombre des humiliations infligées aux Juifs figurent le fait de couper les barbes des vieux Juifs pratiquants, de contraindre les victimes à chanter et à danser jusqu'à l'épuisement, de les astreindre à des travaux dégradants face à l'indifférence ou à l'approbation des populations locales. Là encore, la comparaison avec les pratiques nazies des premières années de la prise du pouvoir par Hitler s'impose.

En fin de compte, bien que l'antisémitisme ne fût jamais érigé en doctrine officielle du mouvement blanc ni d'aucun autre mouvement combattant le bolchevisme, les massacres de masse de Juifs furent banalisés pendant la guerre civile et le mythe du judéo-bolchevisme connut une expansion au-delà des frontières de l'ex-empire russe, grâce à des milieux antisémites russes émigrés en Allemagne. Peut-on alors voir dans la Shoah « l'une des conséquences non anticipées et non programmées de la révolution russe », comme l'affirmait Robert Pipes[3] ?

Là aussi, Nicolas Werth se montre prudent. Comme il l'écrit, il convient de voir avant tout « dans les violences de masse et les crimes de guerre antisémites commis en 1918-1921 ce "chaînon manquant", longtemps oublié ou occulté, qui relie l'antijudaïsme "traditionnel" des pogroms à la Shoah ». C'est pour cette raison que dans la version française du livre apparaît le sous-titre éloquent : « Antichambre d'un génocide. Ukraine, Russie, Biélorussie, 1917-1922 ».
Le Livre des pogroms est une précieuse collection de documents et de témoignages (les dépositions des témoins et des victimes représentent l'un des premiers projets d'histoire orale !) qui, au-delà de la question juive, montre les impitoyables mécanismes et le climat psychosocial de la guerre civile russe, ce fondement violent du régime communiste.

1. Cf. son article « Pogroms and White Ideology in the Russian Civil War » dans : John Doyle Klier et Shlomo Lambroza (ed), *Pogroms : Anti-Jewish Violence in Modern Russian History*, Cambridge University Press, USA.

2. Werth rappelle qu'aux élections locales qui se déroulèrent fin 1918 dans près de 200 communautés juives d'Ukraine, les partis religieux et sionistes recueillirent plus de deux tiers de suffrages, alors que l'ensemble des partis socialistes en obtint moins d'un tiers.

3. R. Pipes, *Russia under the Bolshevik Regime*, Vintage Books, USA, 1995.

Sur la banderole : « Allemands ! N'achetez pas chez les Juifs ! »

Les lois de Nuremberg

Les antisémites de la génération précédente avaient déjà buté sur la question de la définition des Juifs. Dans les années 1890, Hellmut von Gerlach, député antisémite au Reichstag, soulignait que son groupe politique s'était révélé incapable de trouver une définition juridiquement solide du concept de Juif, et qu'il devait renoncer à proposer une législation antisémite.

Le même écueil attend les rédacteurs du programme du NSDAP en 1920, qui se contentent d'écrire que seules les personnes « de sang allemand, sans considération de confession » peuvent prétendre appartenir à la communauté allemande.

Après la prise de pouvoir d'Hitler, en janvier 1933, le ministre nazi de l'Intérieur décide de rédiger son premier décret sur l'exclusion des Juifs de la fonction publique et se trouve lui aussi confronté à la définition du Juif. Les actes de violence commis contre les citoyens allemands juifs et leurs biens dans le cadre du boycott des magasins juifs du 1er avril 1933 préludent aux restrictions apportées aux possibilités de survie de ces Juifs allemands. Les fonctionnaires nazis, et les autres, vont faire preuve d'imagination et d'un zèle particulièrement ardent. Ainsi, le décret d'application de la loi du 7 avril 1933 précise qu'« une personne est considérée comme non aryenne si elle descend de non aryens, particulièrement de parents ou de grands-parents juifs ».

Loin d'être adossée à des critères raciaux – l'obsession des nazis –, cette définition ne retient que la religion comme unique critère distinctif entre « aryens » et « non aryens ». Ce qui ne manque pas alors de provoquer quelques remous à l'étranger, notamment au Japon où l'on considère que cette approche implique une infériorité des non aryens. Peu compatible avec les intérêts allemands en Extrême-Orient, et jugée encore trop large, la définition portée par le décret d'avril suscite bien des débats au sein de l'appareil nazi.

C'est Hitler qui va trancher en exigeant le 13 septembre 1935, à l'occasion du congrès annuel du parti nazi à Nuremberg, de préparer – en deux jours – un décret intitulé « Loi pour la protection du sang et de l'honneur allemands ». Il est dit en préambule : « Pénétré de la vérité que la pureté du sang allemand est la condition de la survie même du peuple allemand [...] le Reichstag a adopté à l'unanimité la loi ci-après qui est promulguée par la présente. » Structurée en sept articles, la loi sur la protection du sang et de l'honneur allemands fixe une série d'interdictions imposées aux Juifs, le terme étant utilisé dans le corps du texte mais sans être défini. L'article 1 interdit les mariages entre Juifs et citoyens de sang allemand ou apparenté ; de tels mariages sont réputés nuls, même s'ils ont été conclus à l'étranger et la procédure d'annulation doit être initiée par le ministère public. Toute relation sexuelle entre Aryens et Juifs est interdite.

Il est également interdit aux Juifs d'avoir des employées de maison de sang allemand ou apparenté âgées de moins de 45 ans (article 3). Ils ne peuvent arborer le drapeau du Reich, mais sont autorisés à arborer les « couleurs juives », ce droit étant garanti par l'État (article 4). L'article 5 de la loi établit les peines frappant la violation des dispositions des articles 1 à 4. L'article 6 détermine les modalités d'exécution du dispositif, qui peuvent être prises par le ministre de l'Intérieur, en accord avec l'adjoint du Führer (Rudolf Hess) et le ministre de la Justice. L'article 7 fixe l'entrée en vigueur de la loi au jour de sa promulgation, à l'exception de l'article 3, qui ne devient effectif que le 1er janvier 1936. L'interdiction du mariage et des relations sexuelles entre Juifs et citoyens de sang allemand ou apparenté concrétise juridiquement la volonté exprimée par les nazis, début 1930, de faire de la « trahison de la race » un délit passible d'emprisonnement, voire de la peine de mort. Elle légitime l'attitude de fonctionnaires, qui, sans aucune base légale, refusent depuis la prise de pouvoir d'Hitler de célébrer des unions entre des Juifs et des « individus de sang allemand », au nom des « principes nationaux généraux ». Elle conforte également la position de juristes nazis, selon lesquels l'origine juive d'un conjoint, si elle est ignorée au moment du mariage, constitue un motif d'annulation de celui-ci, sur la base de l'article 1333 du Code civil.

La loi de protection du sang et de l'honneur allemands et la loi sur la citoyenneté du Reich font l'objet de deux premiers décrets d'application spécifiques datés du 14 novembre 1935. Les « lois de Nuremberg » sont le prélude de la Shoah.

Hitler lui-même était-il juif ?

En bas à droite de cette image tirée d'un film d'Eva Braun, Hitler porte sur la manche de sa veste d'uniforme l'aigle nazi, signe distinctif des SS. La règle, pour les SS, est de remonter à la huitième génération pour prouver qu'ils n'ont aucun ascendant juif…

L'un des secrets les mieux gardés de son régime, c'est qu'il ne peut pas prouver le contraire. Il ne connaît pas l'un de ses grands-pères, son père étant né de père inconnu. Sa grand-mère parternelle avait fini par se marier avec un meunier appelé Johan Hitler, qui avait reconnu l'enfant et lui avait donné son nom.

Au regard des lois nazies, Hitler ne remplit donc pas les critères dits « de la protection du sang », qui imposent à tous les Allemands, s'ils veulent échapper à la persécution, de prouver que leurs quatre grands-parents ne sont pas juifs.

Hitler ne peut pas démontrer qu'il n'est pas juif.

L’enfance d’Hitler

Le 20 avril 1889, Adolf Hitler naît dans une famille catholique de ce qui était alors l’empire d’Autriche-Hongrie, à Braunau am Inn, une petite ville à la frontière avec l’empire d’Allemagne.

Klara Hitler

Alois Hitler

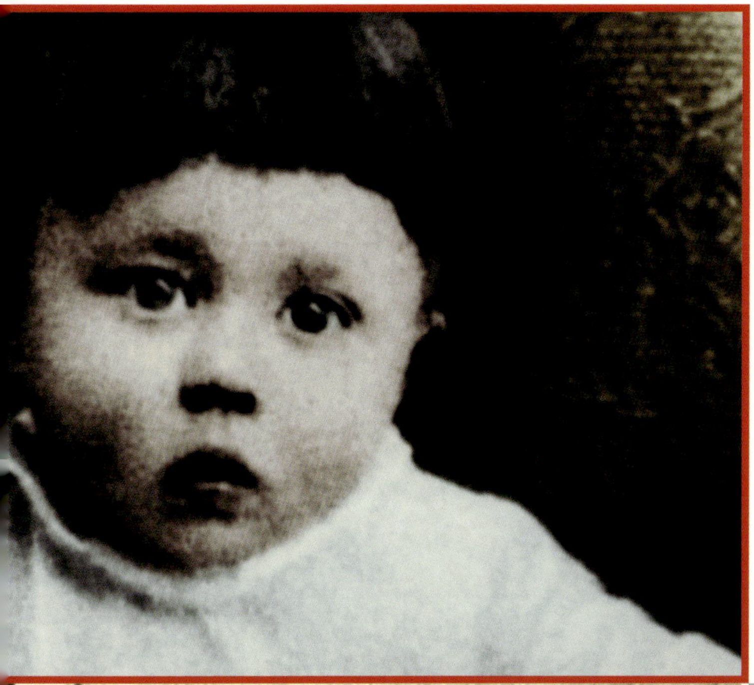

Son père, Alois Hitler, est douanier. Veuf, il s'est remarié avec une cousine beaucoup plus jeune que lui, Klara. C'est donc un mariage consanguin. La petite enfance d'Hitler est marquée par les nombreux déménagements dus aux affectations paternelles le long de la frontière.

Alois Hitler, douanier.

Écolier modèle dans le primaire, à huit ans Hitler sert la messe dans un monastère. Il chante et s'exalte pour le don de soi des prêtres, il admire leur sens de la « mission ».

Au fronton du monastère où Hitler sert la messe, il remarque une étrange croix. Elle préfigure la croix gammée, qui deviendra l'emblème des nazis.

Cette croix a été détournée par les nazis pour en faire le signe des peuples aryens

Hitler se souviendra toujours de cette croix, comme l'indication de sa prédestination. En Inde, cette croix gammée était depuis des millénaires un symbole bénéfique du mouvement perpétuel de l'humanité.

À tous les anniversaires du Führer, le portrait de sa mère trône au-dessus des offrandes et, dans son bunker, au dernier moment, Hitler a sa photo sur lui.

mythique race pure de grands blonds aux yeux bleus auxquels Hitler rajoutera le casque.

Hitler, en grandissant, ne correspond pas à la définition qu'il donnera en 1938 du garçon allemand. C'est un enfant couvé par sa mère. Morte d'un cancer à quarante-sept ans, Klara Hitler a été le seul être humain qu'il ait jamais vraiment aimé. En fait, il était en conflit avec son père qui voulait faire de lui un fonctionnaire. Mais Hitler ne fera jamais d'études, se jugeant avec prétention supérieur au système éducatif. À dix-neuf ans, à la mort de son père, Hitler part pour Vienne. Il n'est pas prédestiné à la politique, puisqu'il rêve d'entrer aux Beaux-Arts. Grâce à son petit héritage, il va pouvoir vivre une vie d'artiste et de bohème.

Devant les Jeunesses hitlériennes, Hitler invoquera la mystique d'une race supérieure dans de nombreux discours, comme celui-ci, en 1938 : « Le garçon allemand doit être svelte et élancé, rapide comme un lévrier, solide comme du cuir et dur comme du fer. Nous sommes décidés à élever une nouvelle race. »

Vienne au début du xxe siècle

Capitale de ce qui est alors l'immense empire d'Autriche-Hongrie, incluant entre autres ce qui sera la Tchécoslovaquie ou la Yougoslavie, Vienne est une ville brillante, qui doit sa civilisation à un germanisme imprégné de latinité. Vienne semble être à la limite de l'Occident. La cour y est d'étiquette espagnole, la noblesse de mœurs allemandes, tandis que les Juifs font office de trait d'union entre l'aristocratie et la société élégante, qui n'est pas admise à la cour.

La vie culturelle connaît un rare rayonnement, que ce soit dans le domaine littéraire (Schnitzler), musical (Mahler, Berg), pictural (Klimt), philosophique (Wittgenstein), sans oublier Freud, qui invente la psychanalyse et révolutionne le monde. Le revers de la médaille, c'est la misère qui affecte une grande partie de la population, plus marquée ici qu'ailleurs en Europe. Vienne s'est développée très rapidement dans la seconde moitié du xixe siècle. Sa population a crû de 250 % entre 1860 et 1900, soit quatre fois plus vite que Paris ou Londres. Au moins un habitant sur deux n'est pas né à Vienne. Plus que toute autre métropole, Vienne, ville multiethnique, incarne ces tensions – sociales, culturelles, politiques – qui annoncent la catastrophe.

On y trouve en effet de nombreux Hongrois, Croates, Italiens, Turcs, Serbes, Roumains et une forte minorité de Juifs. L'allemand – le hongrois dans la partie hongroise – est bien la langue officielle et la principale langue de communication et de culture, mais la langue de Goethe coexiste avec cinq ou six autres langues. Les querelles de plus en plus acharnées que se livrent les différentes nationalités de l'État austro-hongrois et la courte vue des groupes dirigeants contribuent à provoquer l'effondrement d'un édifice rempli de magnifiques souvenirs. La fin de la civilisation bourgeoise sera à Vienne plus éclatante et aussi plus douloureuse que partout ailleurs.
Les milieux bourgeois et petits-bourgeois, en particulier, se sentent menacés par le progrès, la technique, la production de masse et la concentration des entreprises. L'avenir devient pour beaucoup une source de souci et d'anxiété. Ces inquiétudes engendrent la création de nombreux mouvements qui, reflétant le besoin croissant de fuir la réalité, se présentent comme des idéologies de défense à base de nationalisme et de racisme.

Dans ce contexte de repli sur soi, l'antisémitisme devient le commun dénominateur de nombreux partis et d'une multitude de ligues, allant des pangermanistes de Georg von Schönerer aux chrétiens-sociaux de Karl Lueger, le maire de la ville, violent antisémite. En une cinquantaine d'années, entre 1857 et 1910, le nombre de Juifs habitant Vienne a été multiplié par quatre. Ils sont perçus comme des déracinés. Accusés d'être un facteur de décomposition, ils sont regardés avec crainte, comme des révolutionnaires-nés pour lesquels rien n'est sacré.
À Vienne – et plus qu'à Berlin où l'antisémitisme reste encore dans les années 1890

l'émanation fiévreuse de quelques solitaires malades –, les Juifs occupent à la même époque l'imagination d'une partie importante de la population.

Ils ne tarderont pas à occuper celle d'Hitler, qui s'était rendu à Vienne une première fois en 1907, porté par des espoirs ambitieux et le projet de poursuivre, grâce aux maigres ressources financières de sa mère, un mode de vie privilégié dans le décor somptueux de la grande ville. Ne doutant pas de sa vocation artistique, il se présente en octobre 1907 au concours de dessin de l'école des beaux-arts de la Schillerplatz. Il passe le premier tour, mais échoue au second. On peut lire dans le compte-rendu de l'épreuve : « Peu de cervelle, épreuve de dessin insuffisante. » Profondément affecté, il n'envisage pourtant son retour à Linz qu'à contrecœur.
De fait, il ne rentre à Linz que le 21 décembre, peu après la mort de sa mère. Le décès de celle-ci, et le petit héritage qu'elle lui laisse, le confortent dans son intention de revenir à Vienne. Il y séjournera de février 1908 à mai 1913, et c'est au cours de ces années viennoises qu'Hitler va passer d'un antisémitisme sans fondement solide à une véritable doctrine.

On peut lire à ce sujet dans *Mein Kampf* : « Depuis que mon attention avait été appelée sur les Juifs, je voyais Vienne sous un autre aspect. Partout où j'allais, je voyais des Juifs et plus j'en voyais, plus mes yeux apprenaient à les distinguer nettement des autres hommes. »

Ainsi les années viennoises seront décisives dans la formation de sa personnalité et de sa « philosophie politique ».

1908 Vienne

Au début du xxe siècle, Vienne est l'un des centres intellectuels de l'Europe. Hitler découvre ce monde où s'étale le faste des aristocrates et des grands bourgeois contre lequel se déploient les drapeaux rouges des socialistes.

Sorti de sa campagne, Hitler découvre les multiples communautés qui peuplent la capitale de l'empire d'Autriche-Hongrie – les Tchèques, les Polonais, les Roumains, les Croates ou… les Juifs. Il dira plus tard : « Cela me parut l'incarnation de la profanation raciale. »

S'ensuit une période difficile qui précède la Première Guerre mondiale, où Hitler vit dans un foyer pour hommes et subsiste en copiant des cartes postales pour les touristes.

Aquarelles d'Hitler, manifestement plus doué pour l'architecture que pour la peinture.

Hitler se présente au concours des Beaux-Arts, qu'il a préparé en dilettante, parce qu'il a beaucoup d'ambition mais peu de courage. Il est refusé.

Le peu d'argent qu'il gagne lui sert à aller à l'opéra écouter Wagner, qui le plonge, dit l'un de ses amis d'enfance, « dans un état de transe ». Hitler, qui vit si médiocrement, rêve à tous ces héros des légendes germaniques. L'un de ses opéras favoris est *Rienzi*, où un jeune guerrier reçoit la mission de sauver son peuple.

1914 la mobilisation

Hitler a vingt-cinq ans, ce 2 août 1914, et la déclaration de guerre va le sortir de son existence d'artiste raté.
Il a fui l'Autriche, pour ne pas faire son service militaire, et il est en Allemagne, à Munich, emporté par la vague de folie nationaliste qui entraîne tous les Européens vers le grand massacre.
Hitler a été identifié (ci-contre), enthousiaste, à la déclaration de guerre, au milieu de la foule.

Cette photo de foule du 2 août 1914 apparaît opportunément pendant une campagne électorale de 1932. Elle est diffusée largement par les nazis. Leurs adversaires crient au photomontage. Mais ce qui est sûr, c'est qu'Hitler a fait la guerre et que la guerre l'a fait.

Pourquoi Hitler s'engage-t-il du côté allemand ?

Pourquoi quitte-t-il l'Autriche ?

Inimitié profonde envers l'Empire des Habsbourg, menant une politique pro-slave. C'est surtout ce motif politique qui est intéressant. Hitler a échappé au service militaire autrichien, il est recherché pour cela, il n'a donc aucun intérêt à se présenter aux autorités. C'est pourquoi s'engager dans la guerre au sein de l'armée d'Autriche aurait été difficile. Le désir d'aller en Allemagne le tient depuis l'enfance, écrit-il. L'amour pour l'Allemagne est sans doute sincère. Vienne est une ville trop multiculturelle (une « Babylone des races » comme il l'écrit dans *Mein Kampf*), alors que Munich est définitivement une ville allemande. La référence raciste est typique de *Mein Kampf* mais ne correspond pas forcément à ses idées en 1914.

Pourquoi Munich ?

C'est à l'époque une capitale artistique européenne. En tant que peintre, il y cherche un climat artistique et moderne. Il arrive à Munich le 25 mai 1913.

Comment entre-t-il dans l'armée bavaroise ?

Probablement par erreur : dans la débâcle du moment, sa nationalité n'a sans doute pas été vérifiée. Beaucoup d'hommes se sont rués dans les bureaux d'enrôlement et, parmi les volontaires, toutes les informations n'ont pas été recueillies par les autorités. Il s'est sans doute porté volontaire le 5 août 1914. Les premiers jours de la guerre étant assez chaotiques, lui et beaucoup d'autres sont éconduits, faute de savoir où les envoyer. Le 16 août, on le recontacte : il doit aller récupérer son paquetage. Il est affecté début septembre au nouveau régiment d'infanterie de réserve bavaroise.

1919 le retour en Bavière

Le président allemand Friedrich Ebert.

Après quatre années de guerre, Hitler revient à Munich avec son régiment, dans une Allemagne en pleine révolution. Il a trente ans. Une période déterminante s'ouvre devant lui.
Il cherche avant tout à rester dans l'armée, qui garantit désormais l'ordre et la stabilité du nouveau régime du président socialiste Friedrich Ebert.

Le permis de port d'arme d'Hitler.

En 1919, la jeune république doit faire face à un mouvement révolutionnaire marxiste : les spartakistes tentent de s'emparer du pouvoir, comme les bolcheviks l'ont fait en Russie deux ans plus tôt.

L'armée les écrase, aidée par des volontaires nationalistes, les Corps francs, vivier du futur parti nazi.

Dans l'armée, Hitler fait du zèle. Ce qu'il veut avant tout, c'est un toit et une gamelle, et il est prêt à toutes les bassesses. Il sert d'agent provocateur, d'indic, il dénonce ses camarades de régiment soupçonnés d'être des « rouges ».

Ses convictions contre-révolutionnaires le font remarquer par les officiers qui reprennent en main la population en combattant les idées communistes. Ils chargent Hitler d'une mission : rééduquer politiquement les soldats

Le supérieur d'Hitler note dans son rapport : « C'est un tribun né qui, par son fanatisme et son style populiste, captive l'attention et oblige à penser comme lui. » « C'est à ce moment-là que j'ai compris que je savais parler », dira alors Hitler.

Le caporal Hitler

et les prisonniers rapatriés. Dès ses débuts, Hitler a su faire monter la pression pour ensuite jeter à ceux qui viennent l'écouter ce qu'ils veulent entendre. En 1919, il dénonce la honte nationale du traité de Versailles.

Hitler apprendra l'art de se mettre en scène et de dominer son public (ici en février 1933).

Un nouvel ordre mondial

Le traité de Versailles, signé le 28 juin 1919, condamne l'Allemagne à payer d'énormes indemnités, les « réparations », qui vont ruiner son économie et seront au cœur de la contestation allemande.

Après des mois de palabres, les vainqueurs, surtout la France, l'Angleterre et les États-Unis, imposent à l'Allemagne des conditions de paix très dures, comme si elle était la seule responsable de l'immense carnage.

Le traité de Versailles

En janvier 1919 s'ouvre à Versailles la Conférence de la paix, dont l'objectif est d'organiser le retour à la paix au lendemain de la Grande Guerre, le terrain ayant été préparé par divers armistices. Conclu le 28 juin 1919, le traité de Versailles met fin au conflit entre les Alliés et l'Allemagne.

L'article 51 prévoit la restitution de l'Alsace-Lorraine à la France. Par les articles 32, 33 et 34, les districts d'Eupen, de Malmédy et de Moresnet sont cédés à la Belgique. Les articles 27 à 87 concernent la cession à la Pologne de la Posnanie et d'une partie de la Prusse-Occidentale avec Torun ; un couloir dit « de Dantzig » doit assurer à la Pologne un accès à la mer. La ville même de Dantzig est internationalisée sous la gestion de la Société des nations (art. 100 à 108), tandis que Memel revient à la Pologne (art. 99). Les articles 45 à 50 stipulent que la Sarre sera administrée pendant quinze ans par la SDN jusqu'à l'organisation d'un plébiscite sur un éventuel retour à la France ; celle-ci reçoit pour cette durée la propriété de ses mines de charbon. L'article 109 arrête le principe d'un plébiscite sur l'appartenance du Schleswig à l'Allemagne ou au Danemark. L'article 94 concerne l'organisation de deux autres plébiscites, en Haute-Silésie et en Prusse-Orientale. Par l'article 119, l'Allemagne renonce à toutes ses colonies au profit des puissances alliées, tandis que l'article 22 prévoit que la SDN a toute autorité pour en attribuer le mandat à certaines d'entre elles, dont la France, le Royaume-Uni, la Belgique et le Japon. Enfin, en vertu de l'article 331, l'Elbe, l'Oder, le Niémen, le Danube (depuis Ulm) sont internationalisés. L'armée allemande est ramenée à 100 000 hommes. Il est fait interdiction à l'Allemagne de disposer d'armes lourdes, d'une aviation et de sous-marins ; parallèlement, sa marine ne peut pas excéder

15000 hommes. L'Allemagne s'engage à verser non une indemnité, mais des réparations destinées à rembourser les dommages de guerre ainsi qu'à couvrir le montant des pensions constituées par les Alliés au bénéfice des victimes de la guerre.

Il appartiendra à la Commission des réparations d'en fixer le montant le 1er mai 1921 au plus tard. Toutefois, à titre transitoire, l'Allemagne est contrainte de verser 20 milliards de marks-or. Afin de garantir la bonne exécution des clauses tant territoriales que militaires et financières, les articles 428-432 disposent que la rive gauche du Rhin, ainsi que trois têtes de pont sur la rive droite, seront occupées pendant quinze ans au maximum par les Alliés – cinq ans à Cologne, dix à Coblence, quinze à Mayence ; quant à la Rhénanie, elle sera ensuite démilitarisée jusqu'à 50 km à l'est du Rhin. Des garanties politiques sont prévues. Ainsi, l'Allemagne doit renoncer à tout jamais à la réunion avec l'Autriche, l'Anschluss tant souhaité par les nationalistes allemands.

Il est clair que de telles dispositions sont très dangereuses pour l'avenir de la paix. Les avis sont partagés, c'est le moins que l'on puisse dire, entre les Alliés, mais le sentiment de malaise que l'on peut éprouver aujourd'hui est que ce « *Vae victis* », « malheur aux vaincus », digne d'un autre âge, peut apparaître comme particulièrement injuste, puisque les torts, dans le déclenchement de l'horrible boucherie, sont largement partagés par les différents impérialismes européens. En Allemagne, le traité de Versailles soulève une indignation générale. Dans son ensemble, la population refuse d'endosser la responsabilité du commencement de la guerre. En ce sens, l'article 231 devait contribuer à la montée en puissance du nationalisme allemand. De même, les rectifications de frontières sont particulièrement mal vécues, le fameux couloir de Dantzig coupe en deux le territoire allemand, cristallisant à lui seul toutes les colères. Enfin, la question des réparations alimente l'idée que la Commission des réparations n'est rien d'autre qu'un organisme chargé de maintenir l'Allemagne dans la misère. En France, le traité de Versailles ne va pas sans susciter également quelques mécontentements. C'est surtout sur la question de l'annexion de la rive gauche du Rhin que l'amertume est de mise. En dépit des objections de Foch, la France y a renoncé. Mais la garantie obtenue en échange de cet abandon – un pacte de garantie engageant les États-Unis et la Grande-Bretagne à intervenir en cas d'agression allemande – est victime du cours des événements politiques outre-Atlantique. En effet, le 20 novembre 1919, le Sénat américain rejette la ratification du traité de Versailles, ce qui a pour conséquence de rendre inopérant le pacte de garantie. Questionné par un journaliste qui lui demande s'il pense avoir donné au monde la paix qu'il espérait, le président Wilson répond : « Je suis convaincu que nous avons fait une meilleure paix qu'il n'était possible de l'espérer lorsque je suis arrivé à Paris. » Rien n'est moins sûr. Le principe du « droit des peuples à disposer d'eux-mêmes » aura été outrageusement détourné. L'État autrichien tiré des ruines de l'empire austro-hongrois, ainsi que la Tchécoslovaquie, la Roumanie et la Yougoslavie sont des foyers de nationalisme et de militarisme particulièrement inquiétants. L'encre du traité est encore fraîche que certains observateurs soulignent que la paix est aussi mauvaise qu'il était possible de la concevoir. Elle inflige à l'Allemagne des blessures insuffisantes pour l'empêcher de se relever et beaucoup trop graves pour ne pas engendrer une rancune brûlante. De celle-ci, un certain Adolf Hitler saura habilement pousser les feux qui, vingt ans après le traité de Versailles, plongeront de nouveau les peuples dans un conflit mondial.

L'Alsace-Lorraine redevient française.

1919 Hitler entre en politique

Hitler devient « agitateur politique à temps plein » bavarois.

Thème de la première conférence d'Hitler : « Pourquoi sommes-nous antisémites ? »

La brasserie munichoise *Burgerbräukeller.*

Dès 1919, l'armée a demandé à Hitler d'adhérer au DAP, le Parti allemand des travailleurs, pour le surveiller. Faute de mieux, il y reste, pour devenir « agitateur politique à temps plein ».

Hitler hurle avec les loups contre les « criminels de novembre », ceux qui ont signé l'armistice et le honteux « Diktat de Versailles ». Des idées partagées par l'armée et surtout par les anciens combattants qui se réunissent dans les grandes brasseries de Munich comme la *Burgerbräukeller*, où Hitler fait sa grande entrée, le 13 août 1920, avec une conférence intitulée : « Pourquoi sommes-nous antisémites ? » La réponse est que, pour Hitler, au-delà

de sa haine viscérale des Juifs depuis la défaite, l'antisémitisme est le meilleur moyen d'attirer les militants nationalistes. Hitler galvanise les excités de son groupuscule d'extrême droite qui le prennent pour chef et lui procurent une voiture, signe de son importance. Il change alors le nom du parti. Il associe les deux termes « national » et « socialisme » pour ratisser large et pour montrer son anticapitalisme. Le DAP sera désormais le NSDAP, le Parti national-socialiste des travailleurs allemands.

Qui devient, en abrégé, « nazi ». Dans son petit local d'une brasserie de Munich il compose l'emblème du parti. Il écrit dans *Mein Kampf* : « Après d'innombrables essais, je choisis un drapeau rouge pour montrer la dimension sociale de notre mouvement, avec un rond blanc pour sa vocation nationaliste, et la croix gammée, symbole de l'Aryen, éternel antisémite. » Son radicalisme fait passer le parti nazi de deux mille à vingt mille membres. Dix fois plus de membres en un an.

Völkischer Beobachter

Kampfblatt der national-sozialistischen Bewegung Großdeutschlands

Ausgabe 90 — München (Samstag), den 26. November 1921 — 35. Jahrgang

Der jüdische Bolschewismus in Rußland

Internationale jüdische Verwandtschaften

La Société de Thulé

Hitler doit beaucoup au soutien d'une sorte de secte raciste, la Société de Thulé, du nom d'un royaume nordique de légende. Ses membres financent un journal, avec des fonds d'origine douteuse. Ce journal, un horrible torchon antisémite, devient celui du parti nazi avec un nouveau titre, *Volkischer Beobachter* (« l'observateur national »). Alfred Rosenberg, qui se prétend le théoricien de l'antisémitisme et qui est membre de la Société de Thulé, en est le directeur. Confus et le plus souvent délirant, il sera l'un des grands inspirateurs de la Shoah.

Rosenberg avec sa bande d'extrémistes.

Hermann Goering dans son avion (1918).

À ces premiers militants se joindra un héros de la grande guerre, Hermann Goering, l'un des plus célèbres pilotes de chasse allemands. Comme beaucoup d'autres, il a eu du mal à se réadapter à la vie civile. En Hitler il trouve le porte-parole de ses idées contre-révolutionnaires. Il deviendra le numéro deux du régime et, entre autres, l'instigateur des camps de concentration. Goering, mince et triomphant, héros romantique allemand de la Première Guerre mondiale, a reçu la plus haute décoration impériale, la croix *Pour le Mérite* (curieusement, en français dans le texte), qu'il porte au col de sa veste d'uniforme. En 1922, Hitler fait défiler Goering à côté du général Ludendorff, encore en casque à pointe, pour montrer aux anciens combattants que leur grand chef de guerre est avec les nazis. Car Ludendorff, l'un des responsables de la prolongation de la guerre de 14, est convaincu que les politiques l'ont privé de sa victoire. Cette thèse mystificatrice est celle de beaucoup

Un autre membre de la Société de Thulé, alors étudiant, est Rudolf Hess, qui deviendra le secrétaire d'Hitler et l'un de ses plus serviles et fanatiques complices.

Le général Ludendorff avec le casque à pointe.

de généraux allemands, et l'adhésion de Ludendorff aux idées extrémistes ouvre de nouvelles perspectives à Hitler. Tout paraît possible.

En Italie, l'extrême droite, le parti fasciste de Benito Mussolini, vient de prendre le pouvoir. Le Mussolini allemand serait-il Hitler ?

1923 l'année décisive

Les Français et les Belges occupent la Ruhr.

Le 11 janvier 1923, les Allemands assistent, médusés, à l'entrée fracassante des soldats français et belges qui viennent occuper la Ruhr, région minière et sidérurgique, parce que l'Allemagne rechigne à payer les fameuses « réparations », les indemnités imposées par le traité de Versailles.

Français et Belges veulent se payer directement en charbon. Alors le gouvernement de Berlin ordonne une « résistance passive », une grève des mineurs et des cheminots, que les Français vont remplacer. Il n'y a plus de charbon pour les Allemands, et la situation se tend dangereusement.

Le 10 mars 1923, un officier français, le lieutenant Pierre Colpin, du 17e régiment de chasseurs, est assassiné. Son cercueil traverse les villes sur un affût de canon, et les officiers français giflent les Allemands qui ne se découvrent pas. Ces images, ineffaçables, seront largement exploitées par les nazis, comme celle des quinze ouvriers des usines Krupp tués par les Français le 31 mars ou l'exécution d'un saboteur, Albert Schlageter, dont le *Volkischer Beobachter* fait un martyr de la cause nationaliste.

Les officiers français giflent les Allemands qui ne se découvrent pas au passage du cercueil du lieutenant Pierre Colpin.

Le *Volkischer Beobachter* accuse aussi de viols les soldats africains de l'armée française. Hitler au pouvoir fera stériliser les métis nés de ces unions, puis se vengera cruellement en 1940. Hitler dénonce la faiblesse du gouvernement qui permet aux Français de traiter l'Allemagne comme une colonie.

Les Allemands ont froid. Les Allemands ont faim.

Extrême misère allemande

Les Allemands tentent de voler le charbon destiné aux Français au titre des réparations de guerre. La république de Weimar est obligée d'importer du charbon, et de payer ses mineurs grévistes. Elle est obligée de faire marcher la planche à billets à toute allure pour faire face à des dépenses énormes. Le mark se déprécie d'une manière affolante.

Un jour, les Allemands paient un milliard de marks pour acheter un kilo de pommes de terre et, le lendemain, 460 milliards de marks pour une miche de pain !

Le putsch du 9 novembre 1923

Hitler et le général Ludendorff.

Les nazis marchent sur Munich.

Grâce à Ludendorff, Hitler a réussi à unifier tous les groupes d'anciens combattants aigris par la défaite. Il veut tenter un putsch, un coup d'État. Marcher sur Munich, puis sur Berlin.

Hitler dit : « Nos gens sont soumis à de telles pressions économiques que si nous n'agissons pas maintenant, ils vont passer chez les communistes. » Les nazis vont réussir à se procurer des armes grâce à des militaires complices.

Après des hésitations, l'armée et la police décident de rester fidèles au gouvernement légal.

Un photomontage nazi destiné à perpétuer la légende du courage d'Hitler le montre, en gabardine blanche, au moment du putsch.

Dès lors que l'armée et la police décident de rester fidèle au gouvernement, à Munich, pour Hitler, tout est perdu. Cependant, il a l'extravagante illusion que Ludendorff et lui vont quand même entraîner la population et il fait avancer ses troupes vers les barrages menaçants de la police. Les deux camps sont face à face. Hitler s'est protégé derrière son garde du corps qui a été tué dans la fusillade. Car la police a tiré, mettant fin au putsch d'Hitler de 1923.

L'exploitation du mythe des « martyrs de novembre »

Quand il aura pris le pouvoir, Hitler instituera à la date du 9 novembre une cérémonie funèbre dans le style des rites du paganisme nordique, à la mémoire des quatorze militants nazis tués pendant le putsch. Leurs noms seront égrenés l'un après l'autre, et les milliers de nazis et de jeunesse hitlérienne répondront à chaque fois : « Présent ! »

Continuant l'exploitation du mythe du putsch, Hitler inventera une autre grande cérémonie nazie : « le drapeau du sang ». Chaque année, au congrès du parti à Nuremberg, il met en contact, avec des mimiques féroces, la relique sacrée, le drapeau du putsch taché de sang, avec les étendards des nouvelles unités du parti, comme pour les consacrer. Cette célébration quasi mystique fait aussi partie de la science de la falsification nazie.

Toutes ces mises en scène masquent pour l'histoire un fiasco qui aurait pu mettre un point final à l'aventure nazie. Car le putsch a échoué, Hitler a été arrêté et le parti national socialiste interdit. Hitler avait mal préparé son putsch, improvisé, et, pour tout dire, en avait bâclé les détails. Il s'était révélé impulsif, il n'avait pas réfléchi aux conséquences.

Les Jeunesses hitlériennes doivent saluer les « martyrs de novembre ».

Munich, 9 novembre 1933.

La cérémonie nazie : « le drapeau du sang ».

26 février 1924, ouverture du procès d'Hitler.

Le procès du putsch

Ludendorff (à gauche) arrive au procès.

Trois mois après l'arrestation d'Hitler, le procès du putsch s'ouvre à Munich. Hitler est accusé de haute trahison et du meurtre de quatre policiers, ce qui le rend passible de la peine de mort.

Ludendorff, qui n'a même pas été incarcéré, arrive au procès dans une voiture de luxe avec ses avocats. Il est immédiatement remis en liberté, « par respect pour son glorieux passé », dit le juge, et parce qu'il continue à avoir des appuis influents. Il sera acquitté.

Hitler retrouve tous ses talents d'orateur et se lance dans ses invectives habituelles contre le gouvernement et contre les Juifs. Ce procès devient une tribune inespérée, devant des juges de plus en plus complaisants et un public de plus en plus nombreux.

Le verdict est donc beaucoup plus clément que ce qu'Hitler aurait pu craindre ; il est condamné à cinq ans de prison et incarcéré dans une cellule relativement confortable, qui donne sur la campagne.

Hitler, qui avait menacé de se suicider, comprend que le tribunal ne lui est pas si hostile.

Le grand écrivain autrichien Stefan Zweig écrivit : « Ainsi, dans cette année 1923, disparurent les croix gammées, les troupes d'assaut, et le nom d'Hitler retomba dans l'oubli ».

1924 Hitler en prison

Les conditions de détention d'Hitler ressemblent plus à un séjour dans un hôtel : il peut recevoir à tout moment les sympathisants nazis. Il peut également se procurer toute la presse qu'il veut et entreprend la lecture des œuvres de Marx.

La cellule où Hitler fut incarcéré pendant un an.

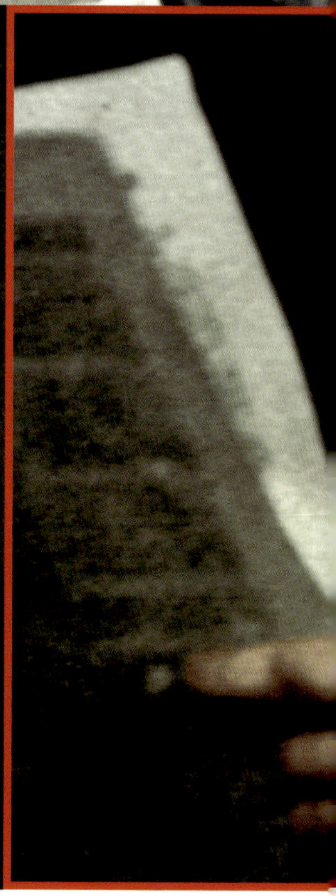

Rudolf Hess dans sa cellule.

Rudolf Hess, condamné à quinze mois pour sa participation au putsch, occupe la cellule voisine et rejoint le petit groupe qui discute essentiellement des luttes entre les différents partis d'extrême droite qui se déchirent.

Le retour d'Hitler devient une nécessité. Les complices, à l'extérieur, entreprennent une procédure de libération anticipée.

Hitler sortira de prison le 20 décembre 1924, libéré sur parole pour bonne conduite.

Dans la cellule d'Hitler, la fameuse machine à écrire.

Mein Kampf

Hitler sait qu'il va sortir vite et ressent le besoin d'exposer sa *Weltanschauung,* sa « conception du monde », et ses principes politiques. Il dicte son livre à Rudolf Hess, qui tape sur une machine fournie par un banquier et sur du papier apporté par Winifred Wagner, la belle-fille du compositeur adulé par Hitler. Winifred est raciste comme Wagner, et très admirative de son grand ami Adolf. Son texte, bâclé, est réécrit par des journalistes nazis. Hitler veut l'intituler *Quatre Années et demie de lutte contre les mensonges, la sottise et la lâcheté*. Ce titre, jugé trop long, devient *Mein Kampf,* « Mon combat ». Même revu, le livre reste très indigeste. Pourtant, il renferme toute la vision du monde d'Hitler et les nazis vont en faire la nouvelle bible, copiée comme l'Écriture sainte et reliée comme les grands manuscrits du Moyen Âge.

Hitler délire sur la lutte de la race supérieure, celle du grand Aryen blond germanique, la conquête de son espace vital, l'éradication du communisme ou l'anéantissement de la France, sans parler des Juifs, qui, pour Hitler, n'appartiennent même pas à l'espèce humaine. Très nombreux sont ceux qui jugent, à l'époque, ce livre dément, ce qui fut une erreur. Il aurait fallu, au contraire, bien le lire et le prendre au sérieux, parce qu'il est à l'origine de cinquante millions de morts.

1925 la traversée du désert

Hitler se rêve maintenant en continuateur des grands fondateurs de l'Allemagne, comme Bismarck. Il dit : « Mon séjour en prison m'a apporté une confiance, un optimisme et une croyance que plus rien ne pourrait ébranler. »

tler passe beaucoup de temps dans un village de montagne
Bavière, où il loue un petit chalet, à Berchtesgaden.

Hitler rêve devant le portrait de Bismark.

Pourtant, la traversée du désert commence. *Mein Kampf* est un échec, il se vend à peine vingt mille exemplaires du premier tome.

Hitler rencontre une jeune et jolie serveuse, Maria Reiter, âgée de seize ans, avec qui il a une brève liaison. Elle veut se marier, il refuse, lui propose d'être une « maîtresse de l'ombre », comme aux autres femmes qu'il séduira, pour ne pas gêner sa « mission ». Elle le quitte.

Le second tome de *Mein Kampf*

Hitler rédige le second tome de *Mein Kampf*, consacré surtout à son projet d'expansion de « l'espace vital » vers la Russie. Le livre connaîtra une diffusion moyenne jusqu'à la prise de pouvoir d'Hitler en 1933.
Mais ensuite, *Mein Kampf* sera quasiment obligatoire : il sera donné en cadeau de mariage de l'État aux jeunes mariés. Ne pas l'avoir dans sa bibliothèque peut être dénoncé par les employés de maison.
Mein Kampf se vendra, de gré ou de force, à plus de quatre-vingts millions d'exemplaires, et sera traduit dans toutes les langues. Les droits d'auteur seront astronomiques et feront d'Hitler un homme très riche.

***Mein Kampf* sera distribué par la direction des aciéries Krupp aux ouvriers les plus méritants.**

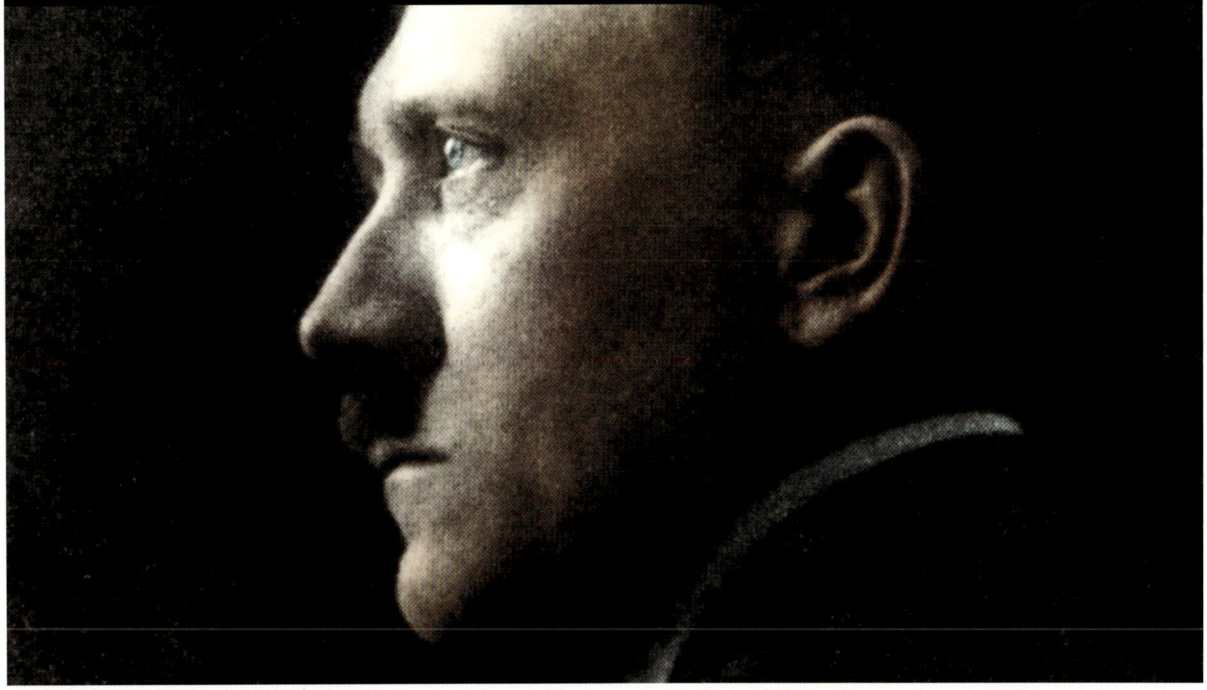

1925 l'élection de Hindenburg

Le 27 février 1925, Hitler retourne à la fameuse brasserie de Munich d'où il avait lancé le putsch.

Le 28 février 1925 se produit un événement qui va servir Hitler. L'incarnation même de la nouvelle démocratie allemande, le premier président de la république de Weimar, le socialiste Ebert, meurt, à cinquante-quatre ans, d'une appendicite mal soignée.

C'est un deuil d'autant plus durement ressenti par les Allemands que son gouvernement avait réussi à juguler l'inflation et que le pays était en plein redressement.

La fin de l'hyperinflation

Par le traité de Versailles, les puissances victorieuses imposent des cessions territoriales qui affaiblissent considérablement le potentiel économique de l'Allemagne. Les demandes de réparations entraînent des charges financières dont le poids est d'autant plus lourd que la monnaie allemande, du fait de l'endettement dû à la guerre, a perdu beaucoup de sa valeur. Mais en Allemagne même, ce sont les épargnants, ceux qui ont souscrit aux emprunts destinés à financer cette guerre perdue, qui vont maintenant faire les frais de ce désastre. Nombreux sont ceux qui, à la suite de la dévalorisation de leurs économies, se voient ainsi dépouiller des bases mêmes de leur existence. Dans ces conditions, l'inflation va progresser à une vitesse vertigineuse. En 1919, le mark représente le quart de sa valeur de 1914 ; en 1929, à peine le dixième ; en janvier 1922, le cinquantième.

Mais en 1923, l'occupation de la Ruhr par les Français et les Belges a pour effet de faire grimper l'inflation à son niveau le plus élevé. Ainsi, en août 1923, le change est de 4 600 000 marks pour un dollar, le 1er novembre, de 8 millions et la miche de pain coûte 460 milliards de marks ! La question est donc de savoir comment l'Allemagne est sortie de cette spirale infernale ?

Au cours de l'année 1923, le gouvernement Stresemann prend plusieurs décrets pour assainir le budget de l'État – allègement de la dette publique, mesures économiques et augmentation des recettes. Ainsi, le décret du 15 octobre réorganise le financement de l'assurance chômage (l'État n'assure plus que 20 % du financement, le reste étant réparti à égalité entre employeurs et salariés). Un autre décret en date du 24 octobre allège le service de la dette par une déclaration de faillite partielle de l'Allemagne à l'égard des créanciers. Ces décrets préparent la voie à une réforme monétaire dont la manifestation la plus importante est la création, le 16 novembre, du Rentenmark dont la valeur est fixée sur celle du mark-or de 1913. Un dollar s'échange désormais contre 4,2 Rentenmark.

Cette nouvelle devise est garantie par des obligations-or, elles-mêmes gagées par une hypothèque sur le capital industriel et agricole de l'Allemagne. Mais la question des réparations continue d'obérer tout espoir d'assainissement réel des finances du pays.

Obsèques du premier président socialiste Ebert.

Les Allemands doivent élire un nouveau président et voient le retour des croix gammées pour la campagne électorale.

Ce qui n'échappe pas aux puissances victorieuses de 1918. Celles-ci finissent par reconnaître que les conditions économiques de l'Allemagne ne permettent pas de satisfaire les demandes de réparations des Alliés.
D'où une succession de conférences et de plans qui, en réglant la question des réparations, entendent relancer l'économie allemande. Parmi ceux-ci, le plan Dawes va occuper une place essentielle.

Au début de l'année 1924, un comité d'experts se réunit à Londres, sous la présidence du banquier américain Charles G. Dawes. Le premier constat est que l'Allemagne est au bord du chaos. Or les États-Unis regorgent de capitaux. L'Allemagne les intéresse, mais une monnaie stable est la condition première pour qu'ils se risquent à des investissements. Selon eux, dès que la jeune république de Weimar aura surmonté la pénurie de crédits, elle sera apte à occuper une position stratégique dans l'économie mondiale.
Le Comité Dawes préconise l'évacuation de la Ruhr, la création d'une Banque nationale allemande qui serait contrôlée par un commissaire étranger. En contrepartie, pour permettre à l'économie allemande de redémarrer, un prêt de 800 millions de marks-or à 8 % est consenti à l'Allemagne. Le plan Dawes entre en vigueur en août 1924 à l'issue d'une âpre bataille politique.

La confiance revient : une nouvelle monnaie a été créée le 24 août – le Reichsmark –, et elle tient. Sa parité avec le dollar reste à 4,20 RM pour un dollar. À peine le mark stabilisé, les capitaux étrangers trouvent le chemin de l'Allemagne. Les banquiers, principalement américains, accordent de nombreux prêts et, en Allemagne, tout le monde emprunte, les industriels qui peuvent moderniser leurs usines, mais aussi toutes les collectivités, les villes comme les *Länder*.
Dès 1926, la nouvelle monnaie sera suffisamment affermie pour que le gouvernement allemand rende au marché financier une totale liberté.
La réforme monétaire, rendue possible par le plan Dawes, allège la charge des réparations sur le budget et assure une protection du mark sur le marché des changes. La réintégration de la Ruhr dans l'espace économique et financier du Reich jouera également un rôle positif dans le redressement de l'économie allemande. Le plan Dawes permettra d'amorcer la détente dans les relations internationales car l'Allemagne, notamment grâce aux prêts américains, peut régler ses réparations.

L'interdiction du parti nazi vient d'être levée, parce qu'il n'est plus jugé dangereux. D'ailleurs, le candidat de l'extrême droite unie, qui est encore Ludendorff, obtient à peine 1 % des voix.

L'échec de Ludendorff est souhaité par Hitler, qui se débarrasse ainsi de son principal rival, pour lequel il a fait semblant de se battre. Il révèle son instinct politique. Il dit : « Nous lui avons porté le coup de grâce ! »

Le maréchal von Hindenburg.

Le maréchal von Hindenburg passe en revue sa garde d'honneur.

L'autre grand chef de 14-18, l'imposant maréchal von Hindenburg, est élu. Il est aussi célèbre pour avoir, jeune officier en 1870, capturé l'empereur Napoléon III à Sedan. Il rassure l'armée, fédère les conservateurs, en inquiétant la gauche et l'Europe.

SA est l'abréviation de *Sturmabteilung*, « section d'assaut ».

La SA, la milice du parti nazi

Hitler reste en embuscade. Le parti nazi va réussir à étendre ses métastases dans toute l'Allemagne, jusqu'à compter près de cent soixante-dix mille adhérents. Hitler a fait de sa milice, les SA, une véritable armée privée. Ils sont de plus en plus jeunes.

L'uniforme des SA a été dessiné et fabriqué par une petite équipe de stylistes allemands. Parmi les confectionneurs, il y a le couturier de Stuttgart Hugo Boss, qui s'en vantera dans sa publicité. Hugo Boss, membre du parti nazi, fabriquera aussi la terrifiante tenue noire de la SS, la *Schutzstaffel*, la nouvelle section de protection du Führer, et même l'uniforme des Jeunesses hitlériennes.

Mais il ne faut pas se tromper. Ces paramilitaires sont des brutes, des fanatiques, des meurtriers. Leur nouvel uniforme de couleur marron leur vaut le surnom de « chemises brunes ». C'est une imitation des chemises noires de Mussolini, qui ont si bien réussi leur « marche sur Rome » quelques années plus tôt, le 28 octobre 1922. Autre code emprunté à Mussolini, le salut romain, le bras tendu accompagné d'un cri rauque. Avec Mussolini, c'était : « *Viva il Duce !* » Avec Hitler, ce sera : « *Heil Hitler !* », « Salut à Hitler ! »

Hugo Boss et sa publicité de l'époque.

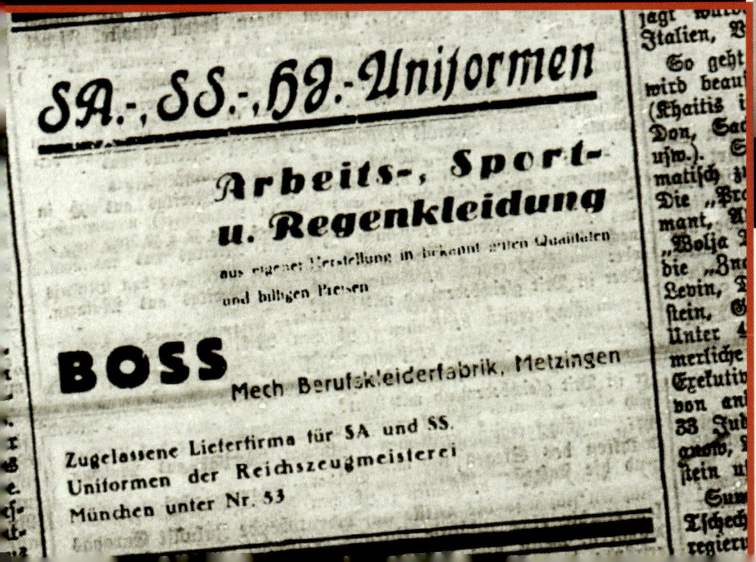

SA.-, SS.-, HJ.-Uniformen

Arbeits-, Sport- u. Regenkleidung

aus eigener Herstellung in bekannt guten Qualitäten und billigen Preisen

BOSS

Mech. Berufskleiderfabrik, Metzingen

Zugelassene Lieferfirma für SA. und SS. Uniformen der Reichszeugmeisterei München unter Nr. 53

L'uniforme des SS.

De généreux donateurs

Tout cela coûte beaucoup d'argent et les fonds proviennent surtout de la générosité des petits adhérents ou de riches sympathisants du fascisme, comme le magnat de l'industrie sidérurgique Fritz Thyssen, dont les aciéries sont prêtes à forger de nouveaux canons, ou le plus grand constructeur automobile du monde, Henry Ford. Ce dernier, antisémite pathologique, va puissamment aider le parti nazi en lui donnant tous les bénéfices de ses ventes de voitures en Allemagne. De plus, pour chaque anniversaire d'Hitler, il fait un don personnel de cinquante mille dollars – une belle somme à l'époque.

Ford sera le premier étranger décoré par les nazis de l'ordre de l'Aigle allemand. Ainsi sont réunis les moyens de monter les grands rassemblements du parti, vastes opérations de propagande destinées à frapper l'opinion et galvaniser les troupes.

L'industriel américain Henry Ford est décoré de l'ordre de l'Aigle allemand.

Le financement du NSDAP

La question du financement du parti nazi aura fait couler beaucoup d'encre. Beaucoup ont vu dans les riches industriels les principaux bailleurs de fonds du NSDAP, d'autres ont avancé que le parti a vécu des seuls dons et cotisations de ses membres. Sur ce dernier point, il ne fait pas de doute que les ressources financières du parti ont d'abord été fournies par les cotisations des membres, les droits perçus dans les réunions au cours desquelles Hitler prenait la parole ou les quêtes organisées lors de diverses manifestations.

D'ailleurs, parmi les premiers membres inscrits, certains se sont presque ruinés au profit du parti. Il s'est trouvé de riches veuves pour léguer tous leurs biens au profit du NSDAP. Des « amis » aisés comme les Bechstein, célèbres fabricants de piano, ou Ernst Hanfstaengl, riche dilettante séduit par la personnalité d'Hitler, n'ont pas été avares de leurs deniers. Le parti a aussi encouragé certains de ses membres à verser des subventions en échange de reconnaissances de dettes. 40 000 de ces « reconnaissances de dettes », de dix marks chacune, ont été émises au cours du premier semestre de 1921.

Les difficultés matérielles du parti commencent à s'estomper à partir de 1922, au moment où l'audience du parti augmente et où les bailleurs de fonds s'intéressent de plus en plus à ces militants qui semblent lutter avec détermination contre le communisme. Il s'agit principalement de représentants de la bourgeoisie qui, effrayés par cette menace, sont prêts à soutenir toutes les organisations susceptibles de faire échecs aux « rouges ».

Dès 1922 donc, Hitler entre en contact avec les milieux riches et influents de la société bavaroise grâce à Dietrich Eckart, personnage-clé, et Max Erwin von Scheubner-Richter, un diplomate très proche d'Hitler, qui trouvera la mort lors du putsch de Munich. Le général Ludendorff sera également très actif en raison de ses liens avec les représentants de l'industrie et les grands propriétaires fonciers. De son côté, le Dr Emil Gansser, un ami de Dietrich Eckart, assure le contact avec les personnalités importantes de l'économie en dehors de la Bavière, berceau du nazisme.

On reconnaît, assis à gauche, Goebbels, derrière lui, Hess. Derrière Hitler, Himmler et à droite d'Hitler, les époux Bechstein, de généreux donateurs.

Parmi les bailleurs de fonds les plus généreux figurent alors le fabricant de locomotives Borsig, l'industriel Emil Kirdorf, un « baron » de la Ruhr, les établissements Daimler, la fédération des industriels bavarois et, surtout, Fritz Thyssen, des Aciéries réunies. Aucun industriel n'a fait autant que lui pour Hitler avant la prise de pouvoir. Il est difficile de savoir exactement combien Thyssen a donné à Hitler. Thyssen fera, après la guerre, des déclarations contradictoires. Il estimera avoir offert au NSDAP en tout un million de marks. (Des documents filmés le montrent pendant une visite, imprudente, à Paris vers la fin des années 1940, pourchassé par une foule hostile.) Cependant, l'aide de Thyssen ne se mesure pas seulement à cette seule contribution personnelle, certainement plus élevée. Grâce à lui, Hitler a pu se faire connaître des milieux industriels. C'est ce même Thyssen qui invite Hitler à parler devant le Cercle industriel de Düsseldorf le 27 janvier 1932. Sont présents 650 membres ce soir-là, des magnats de l'industrie, l'élite des banques, les éditeurs et les juristes de l'économie. Cette soirée mémorable permet de «briser la glace». La «pensée» nationale-socialiste trouve alors une oreille attentive dans les cercles importants et influents. Il est intéressant de constater que les industriels n'auront pas besoin d'être des membres du parti pour aider activement Hitler. Par exemple, Thyssen appartient au *Deutschnationalen Volkspartei* (parti nationaliste et conservateur) alors qu'il aide activement Hitler. Il adhère au NSDAP le 1er mars 1933, après la prise de pouvoir, quand d'ailleurs les autres partis vont tous vers l'interdiction.

À l'étranger, certains milieux financiers ne sont pas insensibles aux sirènes du NSDAP. Des personnalités tchécoslovaques, scandinaves et surtout suisses apportent un soutien matériel au parti. Des subventions affluent également de Hongrie et des milieux de l'émigration russe et germano-balte. Pour autant, il est difficile de mesurer l'ampleur de ces divers soutiens, et les nationaux-socialistes ont eux-mêmes contribué à l'émergence d'hypothèses plus ou moins invraisemblables.
Comme celle-ci, qui se répand après l'occupation française de la Ruhr et qui associe le fait qu'Hitler ait mollement combattu contre cette occupation en échange de subsides en provenance de la France. Comment d'ailleurs en savoir plus, car les nazis ont enveloppé d'un secret absolu la question de leur financement. D'ailleurs, dès l'arrivée d'Hitler au pouvoir, les documents concernant les dons matériels ont été systématiquement détruits, comme tout ce qui concernait le passé d'Hitler. Il ira même jusqu'à faire exécuter en 1934, lors de la nuit des Longs Couteaux, l'aumônier de sa prison où il a passé un an après le putsch raté, et à qui il a dû se confesser ou se confier. C'est pourquoi toutes les thèses, comme le financement américain par exemple, sont invérifiables, en dehors de l'aide très réelle d'Henry Ford, antisémite forcené.

Ce qui est certain, c'est que le parti nazi et Hitler lui-même ont été au début en proie à de graves difficultés financières et que Thyssen les a bien aidés. Comme son concurrent et successeur Krupp, il en a été récompensé puisque l'industrie sidérurgique allemande a produit des milliers de chars, de canons et d'avions qui ont ensuite ravagé le monde.

1927 Hoffmann fabrique l'image d'Hitler

Le photographe Heinrich Hoffmann, virtuose du Leica, nazi de la première heure, toujours au centre de l'événement et près de son maître, prend toute une série de photos étonnantes, destinées à montrer le côté humain du grand homme.

La boutique du photographe Hoffmann à Munich.

Hitler, toujours inspiré par Wagner, fasciné par les amples mouvements des chanteurs de ses opéras, étudie toute une gestuelle dominatrice avant de la mettre en pratique dans les premiers grands rassemblements nazis. Et de chercher à séduire l'électorat féminin, tel que se l'imaginent les nazis. Hitler dit alors : « La masse est féminine et stupide, les seules choses qui la rendent stable c'est l'émotion et la haine. »

Hitler tient une cravache en peau de rhinocéros, qu'il emporte partout pour se défendre contre les fréquentes agressions des militants communistes.

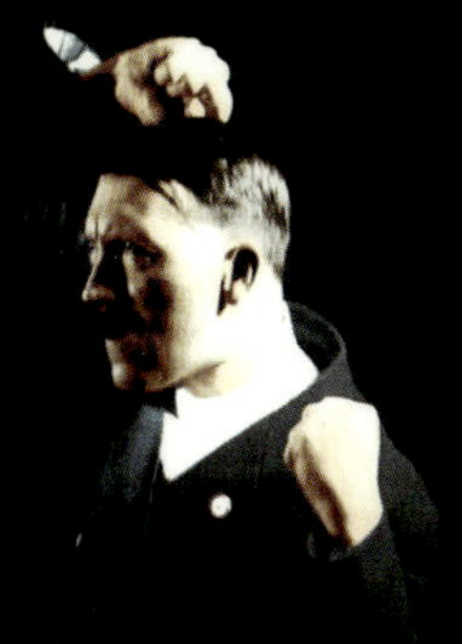

La violence des SA

La haine, c'est ce que les SA sèment maintenant dans toute l'Allemagne, à commencer par les quartiers juifs des grandes villes.

Dans cette société pourtant encore pacifique, Stefan Zweig voit naître la violence. Il écrit : « C'était la méthode fasciste, mais à l'allemande, exercée avec une précision militaire. À un coup de sifflet, les SA sautaient des camions avec la rapidité de l'éclair, frappaient avec leurs matraques et, à un autre coup de sifflet, ils bondissaient dans leurs camions et repartaient comme ils étaient venus. »

Joseph Goebbels (1897-1945) est l'architecte de la haine. La phrase de Nietzsche, « Le fanatisme est la seule forme de volonté qui puisse être insufflée aux faibles et aux timides », lui convient parfaitement. Malingre, boiteux, écrivain raté, il devient le maître de la propagande nazie.

Petite chronologie des principales interdictions touchant le parti nazi

16 février 1925 : l'interdiction frappant le parti nazi et la parution du *Völkische Beobachter* depuis le putsch de 1923 est levée, sur la promesse d'Hitler de ne pas organiser de nouveau putsch.

5 mars 1927 : levée de l'interdiction de parler en public en Bavière pour Hitler.

31 mars 1928 : levée de l'interdiction du parti nazi à Berlin et à Cologne depuis le putsch.

Automne 1928 : la Prusse, le plus grand des États, et l'Anhalt sont les derniers *Länder* à lever l'interdiction de parler en public frappant Hitler, pensant, en raison des résultats des élections, que la menace nazie est passée.

11 juin 1930 : interdiction du port d'uniforme pour la SA et la SS en Prusse.

8 décembre 1931 : le président Hindenburg ordonne une interdiction générale du port d'uniforme pour la protection de la paix intérieure.

3 janvier 1932 : levée de l'interdiction présidentielle du port d'uniforme

13 avril 1932 : le chancelier von Brüning interdit la SA et la SS suite aux violences commises par cette dernière. À cette date, les SA comptent 400 000 hommes, et les SS 100 000.

16 juin 1932 : levée de l'interdiction de la SA et de la SS par le gouvernement von Papen à la suite d'une entrevue entre Hitler et Hindenburg deux semaines plus tôt. Sur ce, les gouvernements de Bavière et de Bade interdisent le port de l'uniforme.

23 janvier 1933 : Hindenburg refuse la proposition du chancelier Schleicher de proclamer l'état d'urgence et d'interdire le parti nazi et le parti communiste.

1928 l'entrée des nazis au Reichstag

Goering, monstre de vanité.

Intimidation et terreur ne donnent que de maigres résultats. Aux élections législatives de 1928, les nazis ne recueillent que 2,6 % des voix, moins d'un million d'électeurs. Les communistes en obtiennent trois fois plus, les centristes récoltent quatre millions de voix, la droite cinq millions et les socialistes dix millions de voix. Et pourtant, au Reichstag, la chambre des députés de Berlin, ces 2,6 % d'électeurs allemands, surtout ruraux, ont permis l'entrée de douze députés nazis. Ils font sensation, parce qu'ils sont presque tous en uniforme de la SA. Parmi eux, un revenant, Hermann Goering. Blessé au bas-ventre lors du putsch, il a beaucoup grossi et gardé une sévère dépendance à la morphine.

Joseph Goebbels fait aussi son entrée au Reichstag. Loin d'être un « grand Aryen blond », il est petit, il boite. Son pied bot le fait souffrir depuis l'enfance d'un complexe d'infériorité, mais son intelligence diabolique veut compenser ce handicap. C'est d'abord un révolté contre la société, tenté par le marxisme, avant la grande rencontre de sa vie avec Adolf Hitler. C'est alors que tout devient lumineux pour Goebbels : ce sont les Juifs qui l'ont empêché de devenir un grand écrivain en refusant ses manuscrits, et ce sont les communistes qui sèment le chaos. Il dit : « Nous entrons au Reichstag comme les loups dans la bergerie. » Mais cela, aucun autre député ni personne du public ne peut en prendre conscience.

Le journal *Frankfurter Zeitung* écrit alors : « Hitler n'a ni pensée ni réflexion. Hitler est un fou dangereux. Mais s'il en est arrivé là, c'est qu'il a pris l'idéologie de la guerre à la lettre, et il l'a interprétée de manière primitive, comme si on vivait à l'époque des invasions barbares, à la chute de l'Empire romain. »

L'Allemagne ne s'inquiète pas. Il faudrait vraiment une grande catastrophe pour qu'Hitler ait le moindre avenir. L'historien Ian Kershaw écrit : « Sans la Grande Dépression, sans la crise de 1929, sans la désintégration des partis bourgeois, libéraux et conservateurs, Hitler serait resté un illuminé, aux marges de la vie politique. » Mais Hitler, lui, n'abandonnera rien : « Nous poursuivrons notre combat, fanatiques et impitoyables jusqu'à la mort ! »

1929 la crise

Octobre 1929. Une nouvelle crise économique, très violente, partie des États-Unis, ravage le monde et surtout l'Allemagne. Les usines ferment les unes après les autres et le nombre de chômeurs atteindra le chiffre effrayant de six millions. Désespérés, les Allemands sont nombreux à se tourner vers les nazis, et vers les communistes, qui ont aussi leur organisation paramilitaire, en uniforme.

Communistes et nazis vont se heurter violemment dans toutes les élections. Hitler provoque le désordre et prétend être le seul à pouvoir l'arrêter. Ce véritable chantage s'avère efficace.

1930 les élections

Hitler rallie les commerçants et les petits propriétaires, en dénonçant ce qu'il appelle la « peste rouge », les marxistes égalitaires, qui effraient aussi les paysans.
Le résultat est incroyable : en septembre 1930, cent sept députés nazis font leur entrée au parlement allemand, le Reichstag.
Hitler est désormais à la tête de la deuxième formation politique du pays, derrière les sociaux-démocrates. Pourtant, cela n'inquiète pas vraiment les classes dirigeantes, qui méprisent Hitler.

Hitler en campagne électorale dans l'Allemagne rurale.

Stefan Zweig écrit :

« Pour eux, le pouvoir a toujours été réservé aux barons, aux princes et à ceux qui ont une culture universitaire. Rien n'a autant aveuglé les intellectuels allemands que l'orgueil de leur culture. »

Les élections de 1930

Le 14 septembre 1930, l'Allemagne se rend aux urnes. Ou plutôt, se rue dans les bureaux de vote, comme en témoigne la participation : 36 millions de votants, soit six de plus que lors du dernier scrutin (1928). Pour tous les commentateurs de la vie politique, les élections doivent voir la victoire des extrêmes. De fait, si le parti communiste progresse fortement, c'est le parti nazi d'Hitler qui devient la deuxième formation du Reichstag, le Parlement.

La campagne électorale a été un modèle d'efficacité. Organisateur en chef du NSDAP, le Parti national-socialiste (les nazis), Goebbels parvient à mettre sur pied quelque 6 000 réunions à travers l'Allemagne. La campagne électorale nazie se déroule dans de grandes salles, ou sous de vastes chapiteaux qui peuvent contenir 10 000 personnes. On ne compte plus les retraites aux flambeaux, tandis que sur les murs des villes, du plus petit village aux capitales des Länder, les États (l'Allemagne a toujours été fédérale), fleurissent les affiches rouge vif des nazis.

Toute la presse nazie inonde le pays d'éditions spéciales tirées à des millions d'exemplaires. Goebbels donne un ultime conseil aux propagandistes du NSDAP : « Traitez vos frères humains comme ils ont l'habitude qu'on les traite. Excitez leur rage et leur fureur, mettez-les dans la bonne voie ! » Hitler ne ménage pas sa peine. Sautant d'un avion à l'autre, il semble être partout. Il multiplie les meetings, prononçant une vingtaine de discours importants au cours des six dernières semaines. Il semble apprécier particulièrement les bains de foule, distribuant des poignées de main, embrassant les bébés, s'inclinant devant les femmes. Il partage ses repas avec les petites gens plus souvent qu'avec l'élite. L'employé de bureau et le petit homme d'affaires, aussi bien que l'ouvrier, sont séduits par ses manières directes. Pourtant, un an plus tôt, l'ambassadeur d'Angleterre à Berlin, Lord d'Albernon, dans une note en bas de page d'un ouvrage consacré aux relations internationales, mentionnait succinctement Hitler : « Il a sombré dans l'oubli. » En ce 14 septembre 1930, l'effervescence règne au sein du parti nazi. Hitler arrive peu après minuit au centre de vote de Munich où il rencontre l'imprimeur du parti. Au comble de l'excitation, celui-ci lui lance : « Je crois que nous avons gagné. Il se peut que nous remportions 66 sièges ! » Soit un gain de 54 sièges par rapport à 1928. Hitler se montre plus ambitieux. Pour lui, la victoire ne fait pas de doute : « Si le peuple allemand voit juste, ce sera plus ! » 107 députés nazis sont élus, le parti d'Hitler devient la deuxième formation d'un Reichstag dans lequel il ne disposait jusqu'à présent que de 12 représentants.

De l'autre côté de l'échiquier politique, les communistes ont considérablement progressé eux aussi, passant de plus de 3 millions de voix à 4,5 millions et de 54 à 77 sièges. La démocratie allemande est fortement ébranlée. Les nationaux-allemands d'Hugenberg – magnat du cinéma et de la presse et proche des nazis – font eux aussi un retour spectaculaire au Reichstag avec près de 2,5 millions de voix et 41 sièges. Les partis fondateurs de la république de Weimar s'effondrent, qu'il s'agisse des conservateurs populaires, des populistes, des démocrates et même du Centre catholique. Seuls les socialistes ont réussi à résister, restant le parti numériquement le plus fort avec 8,5 millions de suffrages et 143 sièges au Reichstag. Mais la progression considérable de la participation électorale met en évidence un net recul de leur part en soulignant l'erreur qu'ils ont commise pendant cette campagne : annoncer la mort politique d'Hitler et concentrer leurs attaques sur les communistes. Déjà, on peut entrevoir que la seule coalition électorale permettant d'empêcher l'accession au pouvoir des nazis et des nationalistes serait celle des partis modérés et des socialistes. Ou une alliance avec les communistes, mais ces derniers ont reçu la consigne de Staline de ne jamais s'allier avec ceux qu'ils appellent les « sociaux-traîtres ». De tels errements politiques vont entraîner l'Allemagne, et le monde, vers la catastrophe.

Le vote en faveur des nazis dans ces élections de 1930 vient de tout le spectre social. Paysans, ouvriers, étudiants, surtout la petite bourgeoisie des classes moyennes, chacun a donné sa voix à un parti dont le chef incarne un sentiment d'unité. Les artisans et les commerçants, peu sensibles aux sirènes nazies dans les années 1920, ont apporté cette fois leur soutien au NSDAP qui leur paraît capable de prendre la relève des partis conservateurs discrédités par leur impuissance à faire face à la crise économique. De même, les rentiers, les retraités, les veuves de guerre, et aussi les salariés des secteurs public et privé ont fourni un fort contingent d'électeurs.

Hitler est désormais à la tête de la deuxième formation politique d'Allemagne.

1931 la « résistible ascension d'Adolf Hitler »

Hitler continue son ascension.

En un an, Hitler s'impose à l'extrême droite allemande. Les fédérations d'anciens combattants comme les Casques d'acier, qui ont cinq cent mille adhérents, devront se soumettre.
Ce que le dramaturge allemand Bertolt Brecht appelle la « résistible ascension d'Adolf Hitler ».
Mais derrière sa posture dominatrice, Hitler cache un terrible secret.

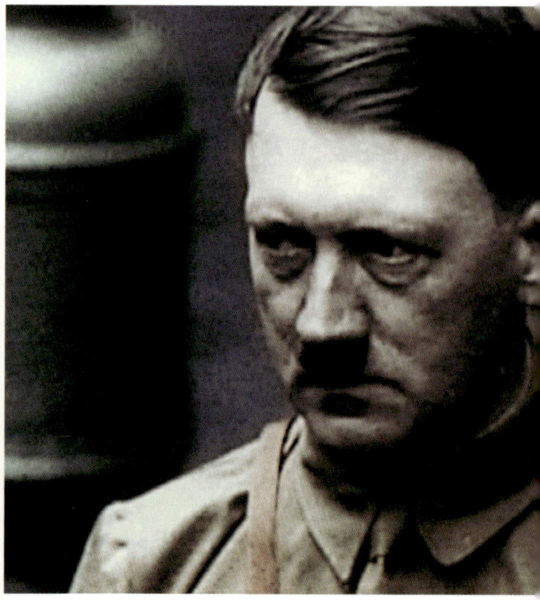

Angelika, dite « Geli »

Hitler sort à peine d'un scandale dont il a bien failli ne pas se remettre. Des rumeurs circulent dans la presse : il vient de vivre un drame personnel. Une passion pour sa propre nièce, Angelika, dite « Geli », Raubal, vingt-trois ans. Il l'a aimée d'une manière irrationnelle, possessive.
Elle vient de se suicider. Geli vivait avec lui, dans son appartement de Munich.

Elle avait confié à un ami : « Mon oncle est un monstre, personne n'imagine ce qu'il exige de moi. » Elle avait voulu le quitter, elle était morte.
Une campagne de presse se déchaîne contre Hitler, l'accusant de déviations sexuelles et même d'avoir fait tuer Geli. Très déprimé, il menace à son tour de se suicider. Son entourage s'inquiète et décide de réagir.

Angelika Raubal, la fille de la demi-sœur d'Hitler.

1932 Eva Braun devient la « maîtresse de l'ombre »

Au printemps 1932, son photographe Heinrich Hoffmann lui présente, opportunément, l'une de ses secrétaires, qui ressemble à la défunte nièce. Elle s'appelle Eva Braun, elle a dix-neuf ans, elle est déjà assez délurée. Elle est séduite par la popularité du chef du parti nazi, mais Hitler souhaite qu'elle reste la « maîtresse de l'ombre ».

Eva Braun est avant tout une sportive. Elle rêve de devenir actrice et de montrer sa plastique parfaite à Hollywood.

Les Allemandes ont déjà le droit de vote, grâce aux mouvements féministes.
Hitler se proclame célibataire, « marié à l'Allemagne », pour séduire l'électorat féminin.

Eva Braun ne s'intéresse pas à la politique.

Winifred Wagner, la belle-fille de Richard Wagner, fervente admiratrice d'Hitler.

Hitler et les femmes

Linz (Autriche), 1905 : Hitler a 16 ans. Il passe le plus clair de son temps à se promener et à parler sans fin de Wagner avec son ami musicien August Kubizek (1888-1956), qui lui sera discrètement fidèle toute sa vie. Il racontera plus tard que lors de l'une de ces promenades Hitler a été frappé par la vue d'une jeune et jolie personne dont le nom sera découvert plus tard. Elle s'appellerait Stefanie Isak, appartiendrait à une famille juive de la bonne bourgeoisie autrichienne, et Hitler dit à Kubizek : « La fille blonde et mince qui marche là-bas au bras de sa mère me plaît. » « Je l'aime », ajoute-t-il. Il la rencontre plusieurs fois sans jamais oser lui adresser la parole.

Il est probable que, s'il a eu des relations physiques avant 1914, elles ont été vénales, ou en tout cas très éphémères. Pendant la guerre, les virées au bordel ne l'intéressent pas.

Mars 1920 : Hitler rencontre à Berlin Helene Bechstein (1876-1951), l'épouse d'Edwin Bechstein, célèbre fabricant de pianos. Mère de substitution pour Hitler, elle lui procure de l'argent pour son parti et le fait entrer dans les salons.

Début des années vingt : liaison probable avec Eugenie Haug (1891-1944) à Munich. « Jenny » entre le 20 mars 1920 au NSDAP. Ensuite, rencontre d'Elisabeth Bruckmann (1865-1946), née princesse Cantacuzène, descendante d'une vieille famille byzantine. Le 24 juillet 1898, elle épouse près de Munich Hugo Bruckmann. On ne sait pas exactement quand cette femme très belle et très cultivée a rencontré Hitler, mais il est à peu près sûr que c'est Dietrick Eckart qui lui a présenté Hitler. C'est une autre mère de substitution.

29 mai 1922 : rencontre de la baronne Viktoria von Dirksen (1874-1946), qui l'introduit dans les milieux importants. Pas la moindre trace d'affectivité chez Hitler pour cette femme, qu'il utilise avec un grand cynisme.

1923 : rencontre de Winifred Wagner (1897-1980), unique bru, d'origine anglaise, de Richard Wagner. La famille Wagner est un peu pour Hitler comme sa vraie famille. Pas de relations sexuelles avec Winifred Wagner. Veuve, elle serait, pour les cadres nazis, une parfaite épouse pour le Führer, mais Hitler préfère les très jeunes femmes.

Début automne 1926 : Hitler rencontre à l'auberge *Deutsches Haus*, de Berchtesgaden, Maria Reiter (1911-1992), alors âgée de 16 ans. Épris l'un de l'autre, ils ont une liaison. Elle serait la seule femme qui, ayant eu des relations sexuelles avec Hitler, aurait survécu à la guerre et l'aurait admis. Pour Hitler, elle était Mimi, Mimilein, Mizzi, Mizzerl, suivant le diminutif qui lui passait par l'esprit. Il l'appelait aussi « ma chère enfant » (il avait 19 ans de plus que lui). La jeune fille était blonde et séduisante. Selon le témoignage de Maria Reiter, Hitler l'emmena une fois se promener dans la campagne des environs de Berchtesgaden : l'entraînant jusqu'à une clairière, au cœur de la forêt, il l'adossa à un arbre, l'admira de loin en l'appelant son « esprit des bois », puis l'embrassa avec fougue. Comme Hitler était très occupé par sa vie politique, avait peu de temps à lui consacrer et refusait de se marier avec elle, elle aurait, selon son propre témoignage, tenté de se pendre en 1927. Hitler la marie avec un SS qui se fait tuer sur le front russe et elle reçoit une belle couronne de fleurs.

Automne 1927 : Geli Raubal (1908-1931), la nièce d'Hitler, entreprend des études à Munich. Elle voit alors plus régulièrement son oncle (qu'elle ne voyait presque jamais auparavant). Hitler brise sauvagement – et laborieusement – l'idylle qu'elle noue bientôt avec son chauffeur, Emil Maurice. Beaucoup de suppositions quant aux relations sexuelles, et à leur nature, entre Geli et Hitler. À l'automne 1929, il l'installe chez lui et, peut-être, songe à l'épouser. Dans la matinée du 19 septembre 1931, elle est retrouvée morte dans l'appartement d'Hitler. Elle avait 23 ans et la balle qui l'a tuée venait du revolver de son oncle. Hitler n'était pas à Munich à ce moment-là. Le suicide est l'explication la plus probable. Cette mort est un coup très dur pour Hitler.

Octobre 1929 : Hitler rencontre Eva Braun (1912-1945) pour la première fois dans la boutique du photographe Heinrich Hoffmann. Elle a 23 ans de moins que lui. Printemps 1932 : début probable de la liaison entre Hitler et Eva Braun.

1932 Hitler candidat à la présidence

Auprès d'Eva Braun, Hitler retrouve sa hargne d'animal politique, alors que s'annonce la fin du mandat du président de l'Allemagne, Hindenburg. Hitler est candidat à sa succession.

Dix ans à peine après sa tentative de putsch et la prison, Hitler pourrait devenir président de l'Allemagne !

Les Allemands découvrent un affichage impressionnant. Sur cette affiche, la photo a été inversée et la raie d'Hitler est donc à droite.

Joseph Goebbels met en place une campagne électorale ultramoderne, en avion, une première en Europe. Un grand appareil commercial de l'époque est mis à sa disposition par le directeur de la compagnie aérienne Lufthansa, qui ne refuse pas cette publicité.
Hitler, affublé d'un casque de cuir, s'embarque pour un périple de près de cent villes d'Allemagne, où il pourra mesurer sa popularité.

Baur

Le Rohrbach Ro VIII « Roland II ».

En vol, les mains d'Hitler dessinent en ombres chinoises un masque de Faust.

Le chef de la propagande nazie, Joseph Goebbels, a inventé ce slogan : « Le Führer au-dessus de l'Allemagne ». Il forge le mythe d'Hitler sauveur suprême, avec ce survol, soigneusement filmé, qui sera projeté dans tout le pays. Il dit : « Soyons grandioses ! »

Le pilote, Hans Baur, témoigne : « Nous avons volé par tous les temps, orages, tempêtes, aucune réunion n'a dû être annulée. Les gens ont commencé à perdre leur peur de l'avion. » Et Hans Baur de conclure : « Hitler a contribué à l'extension du trafic aérien. »

Mais Goebbels n'est pas complètement détendu : cette campagne coûte cher et les industriels se méfient encore un peu de la violence d'Hitler.

Les nazis font payer l'équivalent d'un euro à chacun de ceux qui viennent écouter Hitler. Cela ne les rebute pas, au contraire. Un spectateur, Fridolin von Spaun, raconte cette expérience : « Soudain, j'ai senti les yeux d'Hitler sur moi. Et j'en ai été frappé pour toute ma vie. »

Une semaine avant l'élection présidentielle, Hitler rassemble cent mille Berlinois lassés des partis traditionnels, incapables de faire face à la crise. Hitler dit : « Personne ne parle des dizaines de milliers de gens qui se suicident en ouvrant le gaz parce qu'ils vont très mal ! » Hitler devient un candidat sérieux à la présidence.

Alors la presse se déchaîne. À droite, Hitler est présenté comme le prototype de l'aventurier politique.
À gauche, les insultes sont plus personnelles. Hitler est traité d'efféminé, de tricheur demi-fou, de charlatan vaniteux, de « faux dur à la cravache ».

1932 Hitler perd les élections

Hitler poursuit sa « résistible ascension » : il repart en campagne.

Hindenburg, réélu grâce aux socialistes, ne veut plus dépendre d'eux. Il provoque de nouvelles élections.

Le président sortant, le maréchal Hindenburg, réactionnaire et monarchiste, reçoit pourtant le soutien de la gauche. Ce qui montre que le danger hitlérien grandit, comme le martèle l'un de ses principaux opposants, le socialiste Otto Wels : « Il ne faut plus perdre de temps. Nous ne devons avoir qu'une seule idée, qu'un seul objectif : vaincre le fascisme, jusqu'à son anéantissement ! En avant dans la lutte pour la République, la Liberté et les Travailleurs allemands ! »

10 avril 1932. Le verdict tombe. Hitler ne sera pas président. Treize millions d'Allemands ont voté pour lui. Un tiers de l'électorat. C'est énorme, mais insuffisant.

Comme il prononce cinq discours par jour lors de sa nouvelle campagne, son entourage est sonné. L'un de ses intimes dit : « Nous étions comme des soigneurs qui doivent remettre leur boxeur en état entre chaque round. » Lui est dopé par la tribune, et par sa propre virulence. Il hurle : « Nos adversaires trouvent que nous sommes, et moi en particulier, des êtres intolérants et odieux. Ils nous reprochent de refuser de coopérer avec d'autres partis. Ces messieurs ont raison, nous sommes intolérants ! Je me suis fixé cet objectif : supprimer tous les partis ! »

Pour Hitler, le premier parti à abattre, dans cette campagne électorale de 1932, c'est le parti communiste. Les SA sont chargés de la besogne.

Horst Wessel, le « martyr du nazisme ».

Les SA sont maintenant quatre cent mille ; ils s'autofinancent en payant leur uniforme et leur équipement.

Goebbels a fabriqué une idole, un petit voyou berlinois promu chef de section d'assaut, Horst Wessel. Tué par les communistes un an auparavant, il est devenu le martyr du nazisme. Goebbels a fait mettre en musique ce qu'il a présenté comme le dernier poème du SA, pour en faire l'hymne officiel du parti nazi : le *Horst Wessel Lied,* le « chant de Horst Wessel », le credo de la violence :

Le drapeau d'Hitler flottera bientôt
dans toutes les rues.
Bientôt la servitude ne sera plus !
Les camarades tués par le Front rouge
Marchent encore avec nous.

Le Front rouge

Le Front rouge, ce sont les milices communistes. Elles ont elles aussi leur chant de combat :

Gauche, gauche, gauche,
battons le tambour,
donnons un coup puissant à l'ennemi !
Mettons de la dynamite
sous les fesses de la bourgeoisie !
Menaçons les fascistes
qui avancent à l'horizon !
Prolétaires, armez-vous !
Front rouge, Front rouge !

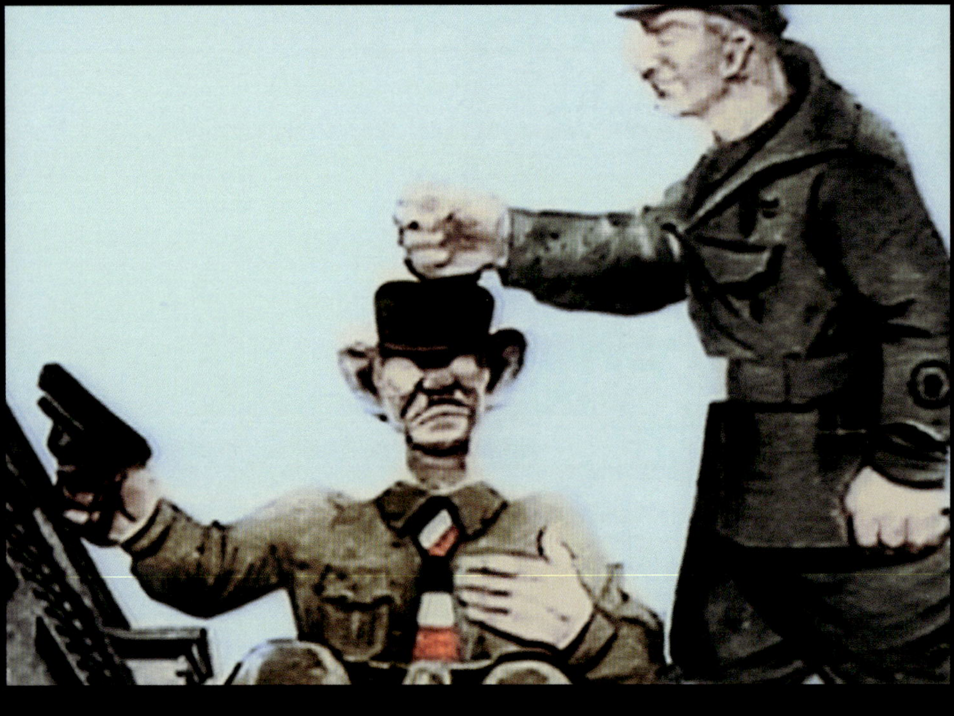

« Donnons un coup puissant à l'ennemi ! »

« Menaçons les fascistes qui avancent à l'horizon ! »

Toutes ces militantes, tous ces militants communistes sont portés par leur idéal.

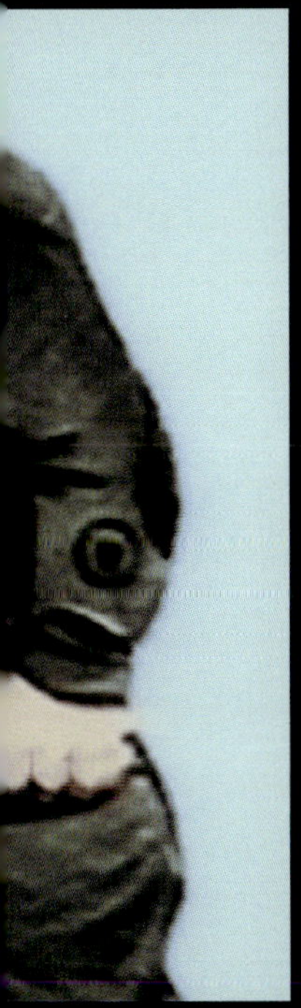

« La fin d'Hitler »

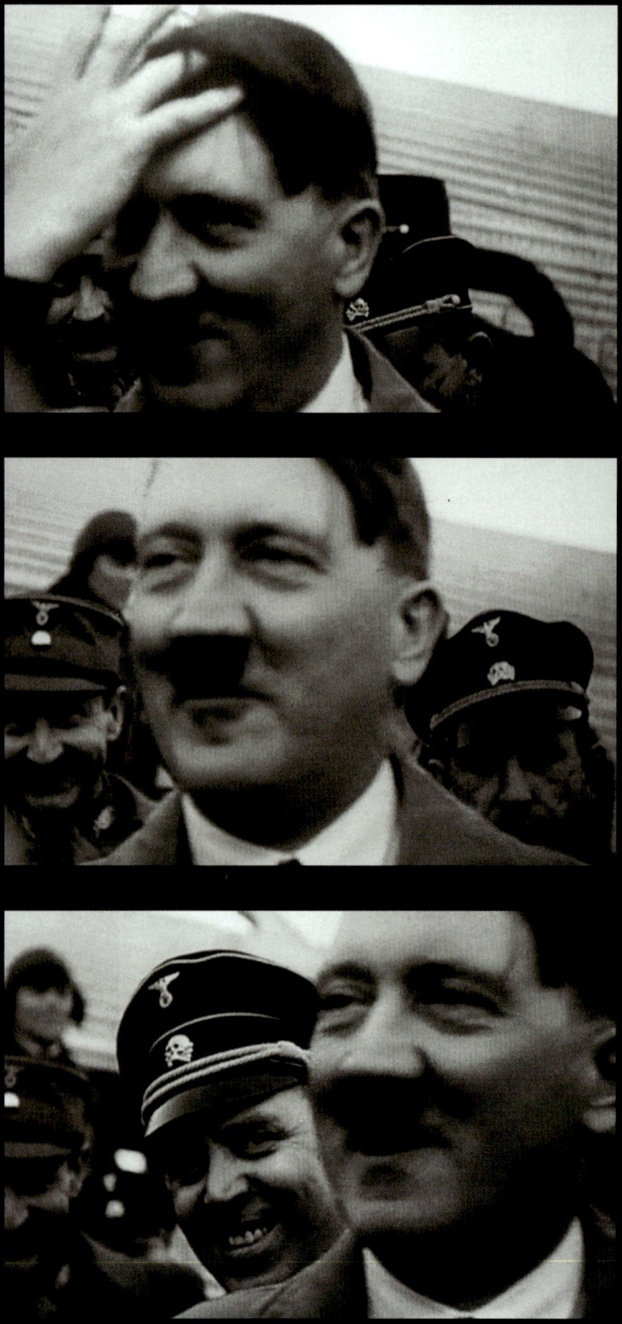

Derrière Hitler, Julius Schaub, son garde du corps SS, qui deviendra, plus tard, son aide de camp.

Juillet 1932. Les SA, avec la complicité de la police, affrontent les communistes dans de véritables batailles de rues. Parmi les communistes, on comptera cent morts et mille blessés.

Beaucoup d'Allemands, épuisés par le désordre et l'impuissance du gouvernement, approuvent les violences nazies. D'où le résultat des élections : deux cent trente députés nazis ! Hitler est désormais le chef du premier parti politique du pays. Pour la première fois, le pouvoir est à sa portée. Très vite, l'euphorie fait place à la déception. Le président Hindenburg refuse de le nommer chancelier (chef du gouvernement). Hindenburg dit à Hitler : « Devant Dieu, ma conscience, et la Patrie, je ne peux donner le pouvoir à un parti aussi intolérant que le vôtre. »

Hindenburg lui propose quand même d'entrer au gouvernement, mais Hitler ne se juge pas comme un homme politique ordinaire, qui cherche un poste ministériel. Il veut tout le pouvoir. Pour fonder un état totalitaire.

En quelques semaines, Goebbels, à la tête de l'énorme groupe parlementaire nazi, réussit à paralyser le jeu démocratique. Aucune majorité ne peut se former.

Il faut de nouvelles élections ! Les troisièmes en un an ! Elles auront lieu en novembre 1932. Hitler pense encore pouvoir en profiter. Il crie : « J'ai eu l'énergie et la ténacité de transformer le millier de partisans du début en quatorze millions d'électeurs et j'en ferai vingt millions puis trente millions ! » Les résultats de ces élections sont très décevants pour Hitler. Il a perdu deux millions d'électeurs, et quarante députés. Goebbels dit : « Nous avons pris une claque. Hitler a refusé d'entrer au gouvernement, les électeurs n'ont pas compris pourquoi. »

Goebbels lit avec amertume la presse mondiale. Le *Daily Herald* de Londres écrit : « L'hitlérisme, comme force politique, est mort. » Non !

15e ANNÉE. — N° 3563 LE NUMÉRO : 30 CENTIMES MERCREDI 9 NOVEMBRE 1932

Le pouvoir, à l'heure présente, est tombé au rang d'esclave et est devenu le docile instrument de toutes les passions et de toutes les ambitions de l'intérêt. Emile VANDERVELDE.

LE POPULAIRE

LÉON BLUM Directeur Politique

Organe du Parti Socialiste (S. F. I. O.)

COMPÈRE-MOREL Directeur-Administrateur

LA FIN DE HITLER

LÉON BLUM

MANIFESTATION FASCISTE... EN FRANCE !

Le gouvernement maintient les réductions des traitements des fonctionnaires

Il apporte toutefois quelques modifications de détail

LES ETATS-UNIS ONT ELU HIER LES DELEGUES "PRESIDENTIELS"

Il est certain que M. Roosevelt, candidat démocrate, remplacera M. Hoover président de la "prospérité"

Le représentant du parti socialiste, Norman Thomas, doit gagner un nombre impressionnant de suffrages

M. Herbert HOOVER

M. Franklin ROOSEVELT

Le scandale des fraudeurs du fisc retient l'attention du Conseil des ministres et jette une vive émotion à la Chambre

Seules les solutions socialistes : répression internationale de la fraude et contrôle international des banques, permettront d'éviter le retour de tels scandales

UN FINANCIER VOULAIT SE SOUSTRAIRE A LA JUSTICE

LA POLITIQUE SOCIALISTE

Les marquis de Carabas

PAUL FAURE

LE DEBAT SUR LA CRISE AGRICOLE

BERENGER

LE TEMPS QU'IL FERA

Le jubilé médical du professeur Branly

La grève des transports à Berlin

C. A. P.

LES ENQUÊTES SOCIALES DU "POPULAIRE"

Les postiers au travail

II. — *Des lettres, des imprimés des paquets, une usine*

Le quotidien français *Le Populaire,* dirigé par un grand nom du socialisme, Léon Blum, titre, le 2 novembre 1932 : « La fin de Hitler ». L'article est signé par Léon Blum.

30 janvier 1933 : Hitler chancelier

Goering, à gauche, ministre sans portefeuille, Frick, ministre de l'Intérieur, au centre. Hitler à droite.

Hitler et von Papen, ancien chancelier devenu vice-chancelier.

Hugenberg, à droite, chef du Parti national du peuple allemand, le DNVP, devient ministre de l'Économie et de l'Agriculture.

Trois mois plus tard, Hindenburg, toujours dans l'impossibilité de constituer une majorité, finit par nommer Hitler chancelier d'Allemagne.

Pour en arriver là, le loup s'est fait agneau. Hitler, pour rassurer Hindenburg, a pris soin de ne demander que deux ministères pour les nazis : celui de l'Intérieur pour un policier de Munich, Wilhelm Frick. Hermann Goering est à ses côtés pour, lui aussi, contrôler la police. Deux postes clés.

Hitler avance masqué. Il veut montrer que les membres du gouvernement les plus importants sont un conservateur, Franz von Papen, qui a déjà été chancelier, et Alfred Hugenberg, l'homme fort de la droite extrême, ministre de l'Économie et de l'Agriculture.

Hitler appelle son gouvernement : « cabinet de concentration nationale » pour donner l'impression qu'il ne s'agit pas d'un gouvernement nazi, mais d'une coalition nationaliste. L'ensemble est très réactionnaire mais pense pouvoir dominer Hitler. Von Papen se trompe lourdement lorsqu'il dit à Hugenberg : « Hitler, c'est notre homme. » Tandis que ce dernier répond : « Nous l'encadrons. »

À Berlin, Hitler assiste à la retraite aux flambeaux.

Goebbels proclame qu'ils sont un million à défiler, mais l'attaché militaire britannique les estime à moins de quinze mille, que Goebbels a fait tourner en rond pendant quatre heures.

Le soir même du 30 janvier 1933, Goebbels organise à Berlin, comme dans toutes les grandes villes, une retraite aux flambeaux qu'il veut grandiose, avec les anciens combattants du mouvement des Casques d'acier, les SS et, surtout, les SA.
Ils passent sous les fenêtres du président Hindenburg, quatre-vingt-cinq ans, qui se croit transporté à Verdun en 1916 et dit à son aide de camp :
« Nos hommes défilent bien. Ils ont fait beaucoup de prisonniers. »

Hitler, à la chancellerie, reçoit des hommages délirants.
Une institutrice de Berlin, Luise Solmitz, dit : « C'était une ivresse sans vin. »
Elle ajoute : « J'entendais des cris de "Mort aux Juifs ! Le sang des Juifs jaillira sous le couteau !" »
Goebbels conclut : « C'est exactement comme un conte de fées. »

Un étudiant berlinois, Sebastian Haffner, écrit : « Je suis glacé de terreur. L'espace d'un instant, je sens physiquement l'odeur de sang et de boue. Je perçois quelque chose de dangereux comme la grosse patte sale d'un animal prédateur qui plaque ses griffes sur mon visage. »

Le 10 février 1933, au Palais des sports de Berlin, Hitler prononce son premier discours de chancelier.

Quel est le plan d'Hitler ?
Le pouvoir absolu, mais par étapes.
Au Parlement, le Reichstag, siègent encore deux cents députés communistes et socialistes. La première décision d'Hitler est donc de dissoudre l'assemblée et d'organiser de nouvelles élections.

Son premier discours, radiodiffusé, se veut un appel à tous les électeurs, même de gauche, à voter pour lui.

Hitler prend un ton plus conciliant que d'ordinaire : « Je suis persuadé que l'heure viendra, pour ces millions de gens qui nous maudissent, de rentrer dans nos rangs et de saluer avec nous ce que nous avons créé ensemble, ce que nous avons gagné avec tant de peine, ce nouveau Reich allemand, celui de la grandeur, de l'honneur, de la force. »

Après Hitler, Goebbels vient mettre les points sur les « i » en revenant aux fondamentaux, l'antisémitisme et la violence, pour l'électorat nazi de base.

Goebbels est violent, vulgaire : « Si les journaux juifs croient qu'ils peuvent nous impressionner par des menaces larvées, gare à eux ! Notre patience a des limites ! Un jour on leur clouera leurs sales becs de menteurs de Juifs ! Les membres du parti et de la SA peuvent être rassurés. La fin de la terreur rouge est plus proche que vous ne l'imaginez ! Messieurs les communistes, attendez-vous à déguster comme jamais auparavant ! »

27 février 1933 le Reichstag en feu

À Berlin, deux semaines après le discours d'Hitler chancelier, le Reichstag, le siège du Parlement, brûle.

L'enquête sur l'incendie du Parlement, menée par une police aux ordres de Goering, incrimine un communiste hollandais appelé Marinus Van der Lubbe, vingt-quatre ans, soupçonné d'avoir un lourd passé d'incendiaire. Rapidement déclaré coupable, il sera décapité.
Le crime profite aux nazis : Hitler et Goering agitent le spectre d'un complot des « rouges ». Goering fait arrêter quatre mille communistes et leurs chefs. Mais le parti n'est pas encore interdit.

Hitler veut garder un semblant de légalité pour les élections législatives qui doivent conforter son pouvoir.

Du Reichstag, puissant symbole de la démocra

e reste plus rien.

5 mars 1933 nouvelles élections

Les SA se déploient de nouveau dans les villes pour les élections du 5 mars 1933, les dernières avant 1945. Ils vont de nouveau faire régner la terreur.

Les Allemands, saturés de campagnes électorales et de désordres, voient de nouveau, dans tout le pays, les SA se déployer, pour, disent les nazis, « protéger la population des attentats communistes ».

Les SA sont plus d'un million. Armés, ils ont désormais le statut d'auxiliaires de la police. Ils se positionnent dans toute l'Allemagne, devant les sièges des partis de gauche et des syndicats. Les SA sèment encore la violence, pendant qu'Hitler, lui, montre ostensiblement qu'il joue le jeu électoral, pour continuer à rassurer le président Hindenburg, de plus en plus fatigué.

Les SA armés sont à tous les coins de rue.

Les SA pratiquent le contrôle d'identité.

Hindenburg sortant de l'isoloir le 5 mars 1933.

Hitler dans l'isoloir.

Goering annonce les résultats des élections dans son fauteuil gothique, un poignard à la main.

Goering, menaçant, un poignard entre les mains, dans son fauteuil gothique, donne sa version, mensongère, du résultat des élections législatives. Il est confus et agressif : « Le 5 mars 1933 signifie une victoire immense pour un homme et un mouvement. Le vainqueur, c'est Adolf Hitler, et le mouvement, c'est le national-socialisme. Mais les deux ne font qu'un, car le Peuple, c'est l'Allemagne ! »

En fait, Hitler et sa coalition atteignent à peine la majorité. Malgré toute sa propagande et l'intimidation des SA, Hitler n'a pas pu empêcher les communistes d'avoir 12 % des voix.

Les premiers camps de concentration :

Le SA est fasciné, mais les résultats sont décevants.
Hitler fait annuler les élections des députés communistes.

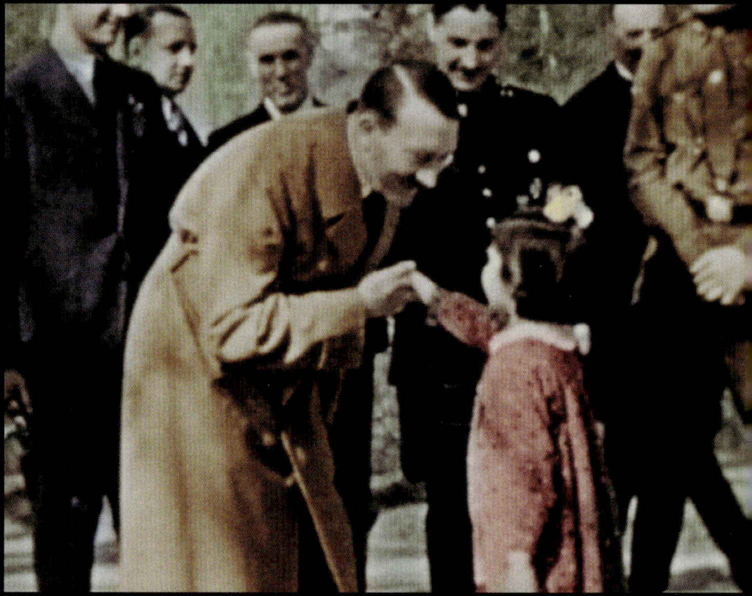

Classique de la propagande : une petite fille court embrasser le Führer en faisant le salut nazi.

Classique des dictatures : le tyran caresse toujours la joue des enfants sous les yeux attendris de l'entourage, qui a tout organisé et mis en scène.

Alors, Hitler jette le masque et entre dans l'illégalité, avec la complicité de son gouvernement.

Il supprime d'un trait de plume l'élection des députés communistes. Il les fait arrêter et envoyer dans les camps de concentration d'Oranienburg, près de Berlin, et de Dachau, près de Munich, qui viennent juste d'être installés par les nazis. Ce sont les premiers des seize camps ouverts pendant la seule année 1933.

Oranienburg et Dachau

Le nombre des détenus passe à cent mille dans les premiers mois du régime. Parlementaires, hauts fonctionnaires, syndicalistes, les élites sont « rééduquées » et filmées, pour bien montrer aux Allemands ce qui les attend s'ils ne marchent pas droit. Dans le langage courant naît l'expression : « Tiens-toi tranquille ou tu iras à Dachau. »

La dictature étend son ombre maléfique sur l'Allemagne.

Dans les camps : les députés communistes sont « rééduqués »…

Klaus Bastian, étudiant communiste, raconte : « Les gardes fouettaient les détenus, les poussaient dans l'eau glaciale. Il fallait toujours craindre pour sa vie, de jour comme de nuit. »

23 mars 1933 les pleins pouvoirs à Hitler

Le vote des pleins pouvoirs, le 23 mars 1933.

441 députés, de l'extrême droite au centre catholique, écoutent un long discours roublard d'Hitler destiné à donner le change.

L'assemblée se suicide en votant les pleins pouvoirs à Hitler pour quatre ans.

Comme le Reichstag a brûlé, Hitler réunit, le 23 mars 1933, le nouveau parlement à l'Opéra royal, encerclé par les SA, pour demander les pleins pouvoirs.

Il n'y a plus de communistes, la plupart sont dans les camps. Les 94 socio-démocrates sont encore présents, et ils auront le courage de voter contre Hitler. Ils seront, eux aussi, arrêtés, emprisonnés ou contraints à l'exil.

Hitler promet tout, comme toujours : la fin du chômage, le salut de la paysannerie, le respect des droits et, surtout, la paix.

Manifestation contre l'hitlérisme, à New York.

Qu'Hitler, un homme qui a cimenté son pouvoir sur l'antisémitisme, puisse diriger l'un des pays les plus industrialisés de la planète, est perçu comme une menace universelle. Dans le monde entier, comme à New York par exemple, des manifestations contre Hitler protestent contre sa barbarie, son obscurantisme, ou proclament que : « Le judaïsme survivra à l'hitlérisme. » Tous appellent à un boycott mondial des produits allemands.

Pour les dissuader, Hitler ordonne, à titre d'avertissement, une journée de boycott des magasins juifs en Allemagne, le 1er avril 1933.

Les SA, avec leurs pancartes antisémites, interdisent l'entrée des magasins juifs, le 1er avril 1933.

Le boycott des magasins juifs fait sourire cette Allemande.

Les Juifs allemands découvrent avec horreur les pancartes des SA : « Pas un centime pour le capitalisme juif », « Achetez allemand », « Les Juifs font notre malheur ». C'est le début de la persécution.
Le propriétaire d'un grand magasin de Prusse-Orientale écrit, avant d'émigrer en Palestine avec sa famille :
« En quelques heures s'était produite une transformation en moi. Ce pays et ce peuple, que j'avais aimés et estimés jusque-là, étaient devenus soudainement mes ennemis.
Je n'étais plus Allemand, ou je ne devais plus l'être… J'avais honte d'avoir un jour appartenu à ce peuple.
J'avais honte de la confiance que j'avais faite à tant de personnes qui, désormais, se démasquaient et se révélaient être mes ennemis… »

10 mai 1933 l'autodafé

L'antisémitisme a contaminé les universités, le nazisme a perverti les esprits contre la culture moderne, imposé une idéologie sectaire et intolérante qui va amener les étudiants à brûler eux-mêmes des livres.

Avec les SA, les étudiants rassemblent, dans toute l'Allemagne, les ouvrages qui correspondent à ce qu'Hitler appelle « l'esprit non allemand ». Sur la liste noire nazie : Karl Marx, Sigmund Freud, Stefan Zweig, plus de trois cents auteurs, surtout juifs ou communistes. Douze mille titres sont condamnés. Des milliers de livres doivent être brûlés. À Berlin, place de l'Opéra, Goebbels prononce le sermon radiodiffusé qui ouvre la messe noire de l'autodafé. Goebbels déclare : « Étudiants, Allemands, Allemandes, l'époque de l'intellectualisme juif est révolue. L'être allemand du futur ne sera pas qu'un être du livre, mais un être de volonté ! »

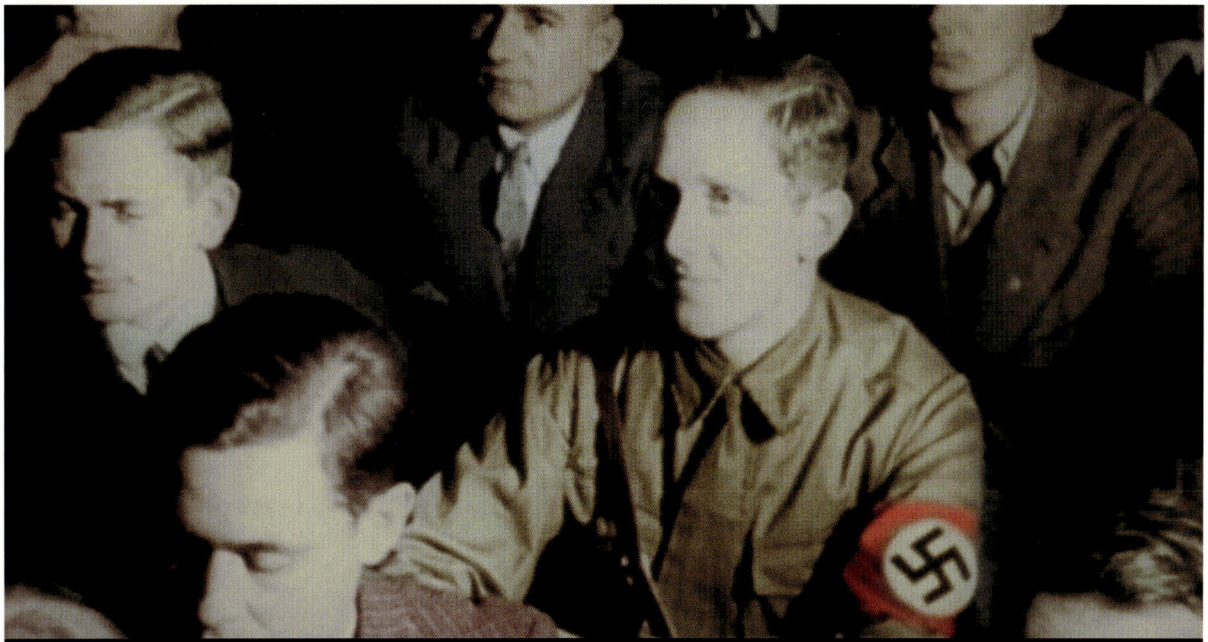

Étudiants allemands en 1933.

Goebbels, à Berlin, prononce le discours de la haine.

Une jeune Berlinoise, Dorothea Gunther, assiste à l'autodafé et au rituel nazi. Elle témoigne : « Les SA et les étudiants criaient le titre du livre, le nom de l'auteur, ils hurlaient qu'il était juif, ou bien pacifiste, ou féministe ou, tout simplement, moderne, en prononçant la sentence : "Nous te livrons au feu !" et en jetant le livre aux flammes. Je restais sans voix et profondément outrée, car nous avions lu et discuté nombre de ces ouvrages qui finissaient en flammes. »

La république de Weimar est vraiment morte ce jour-là. À qui la faute ?

Léon Blum écrit : « Ce qu'il aurait fallu en Allemagne, c'est que les socialistes et les communistes luttent dans le même sens. » Mais les socialistes ne le voulaient pas et, pour les communistes, Moscou avait donné ses ordres : pas d'alliance avec les socialistes, qualifiés de « sociaux-traîtres ».

Les consignes suicidaires de Staline ont bien aidé Hitler.

Les étudiants défilent devant le bûcher…

… Et jettent les livres dans le bûcher.

La censure de la pensée

Après les élections de mars 1933, le nouveau régime se lance dans une politique agressive destinée à démanteler toute opposition. En quelques jours, des manifestations spectaculaires sont organisées pour frapper les imaginations et mobiliser les masses. Goebbels, chargé de la propagande, va mettre en scène un autodafé destiné à montrer comment le régime entend imposer les « idées » des nazis, qui dénoncent depuis le début celles des socialistes et des marxistes comme étant la production néfaste de l'« intellectualisme juif exacerbé des années d'après-guerre ».

La dénonciation du « marxisme et de la pensée enjuivée » est un des thèmes majeurs de la propagande nazie. Pour le récompenser de son activité lors de la campagne électorale, Adolf Hitler promet à Josef Goebbels, dès le 7 mars 1933, un ministère du Reich à l'Éducation du peuple et à la Propagande. Le 19 mars, la décision est rendue officielle. C'est d'ailleurs absolument contraire aux engagements solennels d'Hitler de ne prendre que deux ministres nazis dans le gouvernement qu'il constitue en janvier de la même année. Il aura mis deux mois à peine pour trahir sa parole.

La « révolution nationale » promise par les nazis passe par la *Gleichhaltung* de toutes les institutions, c'est-à-dire leur destruction et leur nazification. La destruction prend la forme des interdictions professionnelles et de la censure des idées ; la nazification, celle de la mise sur pied de nouvelles institutions inféodées au régime. Dans le domaine culturel, en une seule année, Goebbels réussit à mettre les intellectuels au pas ; sa pratique coercitive allie les mesures d'interdictions individuelles à la mise en scène de grands rassemblements chargés de symboliser l'action de la nouvelle direction. Éliminer et détruire les réalisations des esprits antiallemands, tels sont les objectifs immédiats du gigantesque brasier organisé à Berlin près de l'Université par le nouveau ministre.

Le 10 mai 1933, à l'initiative de Goebbels, des centaines de SA et d'étudiants sont réquisitionnés pour enlever dans les bibliothèques publiques et universitaires les ouvrages marxistes ou « non conformes à l'esprit allemand » qu'ils rassemblent puis transportent vers les bûchers. Des bibliothèques privées entières sont saccagées comme celle de l'Institut de recherches sexuelles du Dr Magnus Hirschfeld, brûlée en place publique. Comment seulement imaginer la détresse et le désespoir d'un savant qui voit le trésor scientifique d'une vie détruit pas les forces de l'obscurantisme et de la bêtise ?

Parmi les auteurs des livres condamnés au feu, citons Isaac Babel, Henri Barbusse, Bertolt Brecht, Max Brod, John Dos Passos, Ilia Ehrenbourg, Maxime Gorki, Ernest Hemingway, Jack London, Heinrich Mann, Klaus Mann, Erich Maria Remarque, Joseph Roth, Arthur Schnitzler, Anna Seghers, Upton Sinclair, Bernard Traven, Franz Werfel, Stefan Zweig.

La manifestation est ensuite utilisée pour symboliser l'œuvre de purification morale proclamée par le régime nazi. Après cet autodafé, la mise au pas de l'Université et de la culture se poursuit au cours du même mois avec l'instauration du serment de loyauté au Führer proposé par le poète « *völkisch* » (conforme à la race) Gottfried Benn, et le manifeste des professeurs allemands déclarant leur allégeance à « Adolf Hitler et au national-socialisme » et signé, entre autres, par le philosophe Martin Heidegger.

L'œuvre de nazification de la culture est achevée en septembre avec la création de la *Reichskulturkammer* (Chambre de culture du Reich). Au cours de l'année 1933, la presse et la radio sont contrôlées par l'État. La presse d'opposition est interdite. Un processus de concentration important touche la presse au profit du groupe Zentral Verlag, propriété de Max Amman, l'éditeur de *Mein Kampf* qui, en 1942, possédera 70 à 80 % de la presse écrite allemande. Goebbels est sans doute l'un des premiers hommes au monde à prendre conscience de la force suggestive des nouveaux médias que sont la radio et le cinéma parlant, et à en tirer parti. Il réorganise l'industrie cinématographique sous l'égide de la firme UFA, dont les créations répondent aux exigences politiques et esthétiques du nouveau régime.

La liberté de l'esprit ou de création disparaît au profit de la commande idéologique. C'est d'ailleurs dans les milieux intellectuels que les Juifs sont les plus nombreux à quitter l'Allemagne où la pratique de leur art devient impossible. Il en est de même de certains auteurs démocrates qui n'ont jamais fait mystère de leur hostilité aux nazis. Thomas Mann, prix Nobel de littérature en 1929, auteur de *La Montagne magique,* s'exile en Suisse dès 1933, ainsi que son frère, également romancier et politiquement plus à gauche, Heinrich Mann.

Carl von Ossietky, directeur d'une des plus brillantes revues allemandes sous la république de Weimar, *Die Weltbühne,* prix Nobel de la paix en 1935, meurt en camp de concentration en 1938. Le régime, qui veut un art allemand valorisant les valeurs du peuple (c'est-à-dire pompier), décidera de monter plus tard une exposition à Munich sur l'« art dégénéré » (*Entartete Kunst*), qui rassemblera les œuvres qui ont été ôtées des cimaises depuis la décision prise l'année précédente de « purifier » les musées.

Après avoir été présentées dans plusieurs grandes villes d'Allemagne et d'Autriche, les œuvres sont détruites ou rejoignent la collection privée de Goering. Les peintres condamnés sont tous des artistes modernes d'envergure, notamment Marc Chagall, Vassily Kandinsky, Paul Klee, Piet Mondrian.

Été 1933 la mort de la république de Weimar

Hitler s'adresse aux SA. À droite, Ernst Röhm, le chef des SA.

Le lendemain du 1er mai 1933, Hitler supprime les syndicats. Le 21 juillet 1933, il interdit le parti socialiste.
Dans un grand discours aux nazis, il proclame : « SA et SS ! Heil ! Une grande époque s'ouvre devant nous ! L'Allemagne est enfin réveillée ! Nous avons conquis le pouvoir, maintenant il nous faut conquérir le peuple allemand ! »

Les Allemands partent en vacances.

Le peuple allemand, lui, peut partir en vacances. Le parti nazi est désormais le parti unique. Ses slogans antisémites n'intéressent pas trop les gens. Ils sont, pour la plupart, indifférents au sort de leurs compatriotes juifs qui, après tout, ne sont que cinq cent mille, moins de 1 % de la population.

La moitié des Juifs allemands réussira à émigrer.
Gerda Blachmann, de Breslau, dit : « Nous avons réussi à embarquer à condition de laisser tous nos biens derrière nous. »

L'autre moitié, la plus démunie, sera bloquée en Allemagne, déportée dans les ghettos de l'Est puis exterminée dans les camps.

Les opposants au régime s'enfuiront comme ils pourront, où ils pourront, surtout en France, où ils seront un jour rattrapés par la guerre et l'Occupation allemande, et livrés aux nazis.

1933 l'ordinaire d'une famille allemande non juive

Beaucoup d'Allemands sont heureux et fiers de dresser le nouveau drapeau.

L'immense majorité des Allemands s'accommodera du nouveau régime. Certains commenceront à monter, chaque matin, le drapeau à croix gammée, devenu l'emblème officiel de l'Allemagne. Les autres, une fois la presse muselée, ne pourront plus lire que des journaux nazis.

Leur fille apprendra, elle aussi, le salut nazi devenu obligatoire.

La mise au pas de la jeunesse

Dans la *Hitlerjugend,* la Jeunesse hitlérienne.

Leur fils entrera à la *Hitlerjugend*, la Jeunesse hitlérienne, qui développe si bien l'agressivité.
À l'école, le maître lui enseignera le maniement du fusil Mauser.
L'instituteur devra prendre des exemples judicieux et vivants pour aborder l'arithmétique : « Quel est le prix d'un élève ? L'handicapé mental coûte 1 800 marks par an à l'État. L'élève moyen 320 et le brillant élève ne revient qu'à 125 marks. Conclusion : la société ne peut survivre que si ses citoyens sont génétiquement sains. »

Le professeur entre et crie : « Heil Hitler ! »

Les élèves se lèvent et répondent : « Heil Hitler ! »

Nouveau sujet d'étude.

Leur fille entrera à la BDM, la *Bund Deutscher Mädel,* la Ligue des jeunes filles allemandes. La BDM forme de bonnes épouses, qui auront beaucoup de petits soldats…

… Qui se feront tuer, dix ans plus tard, dans les derniers combats de Berlin en 1945. Mais tout cela, les Allemands ne le savent pas encore en cet été de 1933.

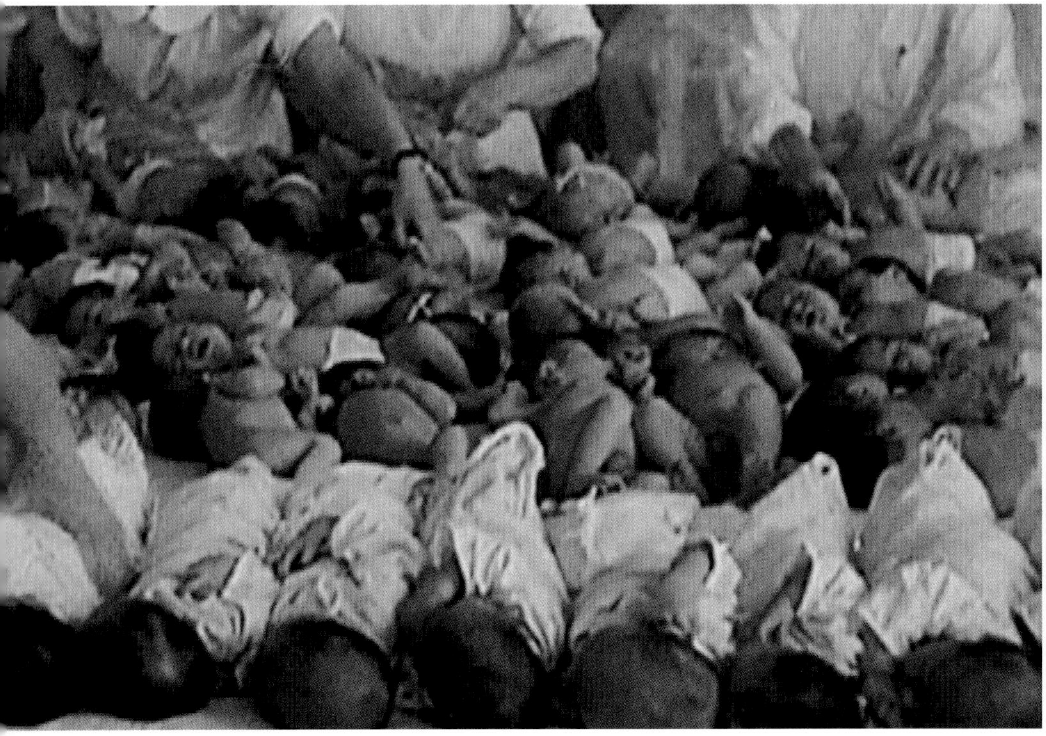

La mise au pas des Églises d'Allemagne

En accédant au pouvoir en 1933, les nazis se montrent tout d'abord conciliants envers les Églises d'Allemagne. Pourtant, le gouvernement d'Hitler ne mettra pas longtemps à violer les promesses faites aux représentants des différents cultes. Conscient de la force que représentent les Églises, Hitler n'hésite pas, pour les séduire, à déclarer, lors de la campagne électorale de février 1933, que son gouvernement « protégerait le christianisme, fondement de la vie morale ».

Pour les nazis, la prudence est nécessaire, car Hitler n'ignore pas qu'une attaque frontale contre les Églises chrétiennes serait de nature à générer une opposition dangereuse, aussi bien dans l'ensemble de la population qu'au sein de fractions importantes de l'élite, un grand nombre d'Allemands restant très attachés à leur foi.

La très grande majorité des responsables de l'Église réformée accueillent favorablement l'arrivée au pouvoir d'Hitler. Le « groupe national-socialiste des chrétiens allemands », adepte du « christianisme positif » (tel qu'il est défini dans le point 24 du programme du NSDAP), et qui s'est très tôt infiltré dans les organisations luthériennes, s'emploie, dès les premiers pas du nouveau régime, à obtenir la formation d'une Église unie du Reich.

En dépit des efforts de l'Église évangélique pour contrôler l'opération, c'est le pasteur Ludwig Müller, ancien aumônier militaire, qui devient premier évêque du Reich.

Le 23 juillet 1933, le IIIe Reich conclut un Concordat avec le Vatican.

Comment signer quoi que ce soit avec un régime aussi ouvertement raciste ? Mais la notion de « réalisme », fondée sur le fameux, « Rendons à César ce qui est à César », a permis à l'Église tant d'accommodements avec les tyrans au cours des siècles… D'ailleurs, peu importe le contenu de ce Concordat puisqu'il n'aura qu'un effet provisoire. Les nazis l'ont voulu pour rassurer, mais ils ne vont pas tarder à le mettre à mal.

Robert Ley, le chef du Front du travail, indique que le seul but de l'enseignement religieux à l'école est de « faire observer les préceptes d'Adolf Hitler, évangile du peuple allemand ». Dans les écoles du IIIe Reich, le maître doit désormais demander : « Enfants, qui est-ce qui vous rappelle le plus Jésus-Christ ? » Et la classe de répondre : « Le Führer ! »

L'Église catholique est vite confrontée à un anticléricalisme gouvernemental systématique. Elle doit subir de multiples exactions, comme les saisies de monastères et d'églises, l'interdiction de la presse confessionnelle et l'arrestation de nombreux prêtres. Mais sa hiérarchie cherchera longtemps à démontrer sa loyauté envers l'État nazi, fermant les yeux sur les dérives criminelles du régime. Hormis quelques voix qui s'élèveront pour critiquer le régime, l'Église catholique s'abstiendra de protester contre les pires excès du national-socialisme. Elle s'obstinera à se taire sur la nuit des Longs Couteaux, les camps de concentration et l'assassinat du judaïsme européen. Même le célèbre archevêque de Munster, Clemens August von Galen, qui contribuera par un sermon courageux à mettre un terme au programme d'euthanasie, ne prônera pas la résistance ouverte contre le régime ou des actions « de nature à compromettre la capacité de l'Allemagne à poursuivre la guerre ».

C'est d'ailleurs avec amertume qu'il faut constater que cette opposition au programme d'euthanasie ne s'est pas étendue aux Juifs. Les évêques ont toujours continué à faire acte d'obédience à Hitler. Ce qui est vrai de l'Église catholique s'est vérifié sur une plus grande échelle pour les principales Églises protestantes. La majorité des protestants allemands sont luthériens ou appartiennent à l'Église évangélique, officiellement soutenue par l'État. Ils ont adhéré au national-socialisme avec le plus d'empressement. Même la grande figure de la résistance intérieure, le pasteur Martin Niemöller, détenu à Oranienburg-Sachsenhausen puis à Dachau, se portera volontaire aux armées lors de la déclaration de guerre.

Le théologien Dietrich Bonhoeffer, lui, paiera de sa vie son opposition au régime nazi. Arrêté en avril 1943 en raison de ses liens avec la résistance allemande, il restera en détention jusqu'à ce qu'une cour martiale ordonne son exécution, qui aura lieu le 9 avril 1945, un mois seulement avant la fin de la guerre.

Le cinéma au service de la propagande

Hitler n'est pas tout à fait le chef suprême. Il lui faut continuer à anesthésier le peuple, grâce à la propagande. Avec, par exemple, le film *La Victoire de la foi* sur le premier congrès, depuis la prise de pouvoir, du parti nazi, devenu parti unique.

Depuis mai 1932, Hitler est bien servi par le talent de la jeune réalisatrice Leni Riefenstahl, qui le subjugue par sa beauté et son énergie.

Leni Riefenstahl

Leni Riefenstahl (1902-2003) est une très jolie actrice, pas farouche et en avance sur son temps, comme Marlene Dietrich, les « sex symbols » des années trente. C'est aussi une grande sportive, alpiniste et danseuse, et l'une des rares femmes de l'époque qui soit parvenue à réaliser des films. Pour cela, elle était manifestement prête à tout, et c'est ce qu'elle a fait en mettant son talent au service des nazis. Ses deux films, *Le Triomphe de la foi* (1933) et *Le Triomphe de la volonté* (1934), ont eu, essentiellement grâce à son talent proche du grand mouvement artistique allemand de l'époque, l'expressionnisme, un retentissement mondial. Il est possible de s'interroger sur son absence au procès de Nuremberg, qui a vu des serviteurs zélés d'Hitler condamnés à mort et exécutés pour moins que ce qu'a pu faire Mme Riefenstahl.

Les congrès de Nuremberg

Au départ, le congrès du parti nazi est plutôt un simple rassemblement (les premiers congrès ont lieu à Munich en 1923 et à Weimar en 1926). Au fur et à mesure, et surtout à partir de 1933, les congrès du parti nazi deviennent une vaste entreprise de propagande et d'endoctrinement.. C'est un grand rendez-vous annuel festif et grandiose où il s'agit d'exalter la solidarité entre le peuple et son chef, une mise en scène médiatique de la soumission de la masse au Führer et de la *Volksgemeinschaft*, « communauté du peuple ».

Les dates des congrès de Nuremberg

1er congrès du parti (à Munich) du 27 au 29 janvier 1923

2e congrès du parti (à Weimar) du 3 au 4 juillet 1926

3e congrès du parti (à Nuremberg) du 19 au 21 août 1927

4e congrès du parti (à Nuremberg) du 1er au 4 août 1929

5e congrès du parti (à Nuremberg) du 30 août au 3 septembre 1933 : « Congrès de la victoire » (référence à la victoire du parti nazi et à la fin de la république de Weimar). Hitler décide que, désormais, tous les congrès du parti auront lieu à Nuremberg.

6e congrès du parti (à Nuremberg) du 4 au 10 septembre 1934. Il n'avait pas de nom à l'origine et fut baptisé *a posteriori* « congrès de l'unité et de la force » ou, en référence au film de Leni Riefenstahl *Le Triomphe de la volonté*, « congrès de la volonté ».

7e congrès du parti (à Nuremberg) du 10 au 16 septembre 1935 : « congrès de la liberté » (se référant à la réintroduction du service militaire et par là même à la libération des contraintes du traité de Versailles).

8e congrès du parti (à Nuremberg) du 8 au 14 septembre 1936 : « congrès de l'honneur » (se référant à la remilitarisation de la Rhénanie, et donc le rétablissement de l'honneur allemand).

9e congrès du parti (à Nuremberg) du 6 au 13 septembre 1937 : « congrès du travail » (référence à la réduction du chômage depuis l'accès au pouvoir des nazis).

10e congrès du parti (à Nuremberg) du 5 au 12 septembre 1938 : « congrès de la Grande Allemagne » (en raison de l'Anschluss).

Le congrès de 1939 devait porter le nom de « congrès de la paix », mais fut annulé sans raison officielle fin août, quelques jours avant l'attaque de la Pologne.

Le congrès de 1928 n'a pas eu lieu car le parti manquait d'argent.

Les congrès de 1930 et 1931, et probablement aussi celui de 1932, n'ont pas eu lieu car le conseil municipal de Nuremberg, qui avait une majorité libérale de gauche, s'y est opposé.

Les lois raciales de Nuremberg « de protection du sang allemand et de l'honneur allemand » sont présentées lors du congrès de 1935.

Pour les différentes unités des différentes organisations nazies appelées à défiler, par exemple les Jeunesses hitlériennes, c'était un immense honneur.

En choisissant Nuremberg comme ville du congrès (choix fait juste avant le congrès de 1933), les nazis veulent inscrire un lien symbolique entre le Saint Empire romain de nations germaniques et le IIIe Reich. En effet, entre le xie siècle et le xvie siècle, la plupart des empereurs germaniques résidaient une partie de l'année à Nuremberg. De plus, depuis la Bulle d'or de 1356 de l'empereur Charles IV, chaque nouveau souverain avait l'obligation de réunir la première diète de son règne à Nuremberg.

À cela s'ajoute que, avec ses églises gothiques, son château et sa vieille ville médiévale, Nuremberg offrait pour Hitler un décor parfait pour exalter la « germanité ».

En outre, située au centre de l'Allemagne et bien desservie par le chemin de fer, on pouvait s'y rendre aisément de toutes les régions du Reich.

Le fait que le chef régional du parti (*Gauleiter*) de la Franconie, Julius Streicher, avait fait ou était en train de faire de Nuremberg une sorte de bastion nazi a également contribué à ce choix.

Le déroulement des congrès

Chaque rassemblement est à peu près organisé de la même façon, avec de la musique (Le *Horst Wessel Lied*, le *Deutschland über alles* et des extraits des opéras de Wagner), des drapeaux, l'hommage aux morts, des discours, un serment au parti et au chef. Tous les défilés sont chorégraphiés avec des milliers de drapeaux portant des croix gammées, des effets de lumière et des participants qui marchent tous au même pas. Hitler est toujours placé au centre. Son arrivée est accompagnée par des fanfares.

Le but des organisateurs des congrès du parti était d'attirer le plus de gens possible à Nuremberg pour montrer le dynamisme du mouvement nazi. Selon le *Völkischer Beobachter*, le nombre de participants aurait été à peu près constant entre 1933 (350 000 participants) et 1938 (450 000 participants).

Elle sait comment glorifier, par ses cadrages et sa lumière, le nouveau dieu d'une nouvelle mystique et ses apôtres, comme Hess, Goebbels, Goering, mais surtout le chef des SA, Ernst Röhm.

C'est à cause d'une image montrant Röhm derrière Hitler que ce dernier interdira le film l'année suivante. Röhm sera alors considéré comme un traître…
Rien pourtant ne pouvait laisser penser que ce complice d'Hitler depuis le putsch raté de 1923 pouvait être menacé, alors qu'il était toujours à ses côtés. Trop près, peut-être. Et les projets d'Hitler pour le Reich l'amèneront à une purge sanglante.

Röhm très près d'Hitler, trop près.

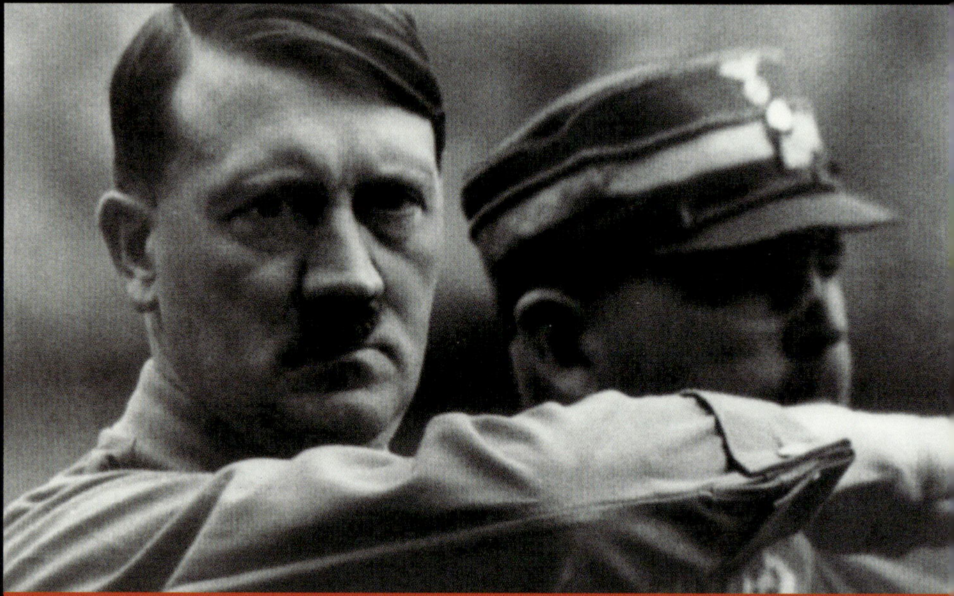

La main droite du saigneur.

Ernst Röhm, le chef de la *Sturmabteilung* (SA)

Röhm a d'abord été un combattant de 1914-1918, sérieusement blessé au visage (d'où sa balafre). Il est ensuite membre des *Freikorps*, qui luttent contre les communistes en Bavière. Resté très proche des milieux militaires d'extrême droite, il fait partie de ceux qui, les premiers, font prendre conscience à Hitler de son potentiel politique.

Hitler et Röhm sont restés amis pendant quinze ans. Röhm avait les qualifications requises par Hitler sur le plan militaire, et sa loyauté était assurée. Durant cette période, Röhm devient chef des SA, transformant les Chemises brunes, poignée de voyous endurcis et anciens soldats aigris, en une véritable force de combat de 2 millions d'hommes, instrument de la terreur nazie. Il enrôle des individus peu recommandables : von Killinger (futur assassin du parlementaire Erzberger), ou Heines (meurtrier du ministre des Affaires étrangères Rathenau), pour ne citer qu'eux. La SA est un organisme paramilitaire dès ses débuts, et c'est bien cet aspect qui attire Röhm, tandis que Hitler souhaitait l'intégrer au parti nazi. En 1920, Röhm fonde le Club du poing de fer, constitué d'officiers ultranationalistes. Il assiste à la première réunion du DAP où Hitler a pris la parole (16 octobre 1919) et adhère très vite au parti. Röhm était probablement le meilleur recruteur du NSDAP. C'est lui que l'on retrouve à la tête du défilé des ligues d'extrême droite le 1er mai 1923 à Munich.

Il participe activement au putsch de la brasserie, faisant partie des harangueurs. Il réussit à s'emparer du siège de la Reichswehr mais néglige le standard téléphonique : des troupes loyalistes des villes voisines sont appelées en renfort. Pendant les procès, Röhm comparait aux côtés d'Hitler mais écope d'une peine bien plus légère (comme tous les comparses d'Hitler).

Après l'échec du putsch, Röhm se dispute avec Hitler, qui le met à l'écart. La dispute porte essentiellement sur la place à donner à la SA : Röhm ne parvient pas à convaincre Hitler de lui laisser son rôle d'organisation paramilitaire classique. Pourtant, il avait commencé par ne pas tenir compte de l'avis d'Hitler : relâché le 1er avril 1924 pour bonne conduite (il a été emprisonné suite au putsch de 1923), il met en place le *Frontbann*, union des ligues paramilitaires et de la SA. Hitler y était franchement opposé : il le dit clairement à Röhm lors de leur dernière entrevue, le 17 juin à Landsberg. En février 1925, le *Frontbann* est dissous et les SA reprennent leur place.

Röhm s'exile alors en Bolivie où il se fait instructeur militaire en 1929. Le 6 janvier 1931, Hitler le rappelle pour reprendre le commandement des SA, dont l'agitation était mal jugulée par Otto Wagener. Röhm est au côté du Führer le 18 janvier 1933 quand celui-ci vient réclamer la chancellerie à Papen. Dès les premiers mois de 1933, la SA est le fer de lance de la révolution nazie. Röhm est nommé commissaire d'État sans portefeuille en Bavière en mars 1933 ; en décembre, il devient ministre du Reich sans portefeuille.

Publiquement fidèle au Führer, à partir de 1933 il critique vivement, en privé, son attitude, et le culte de la personnalité qui se développe autour de lui dans la SA éclipse Hitler lui-même.

L'homosexualité de Röhm était connue d'Hitler depuis 1919 et devient notoire dans les années 1920. Beaucoup de nazis la lui reprochent et l'accusent de décrédibiliser le parti. Hitler évoque cet argument lors de son assassinat en 1934, mais il est toujours resté discret sur ce point.

Les subalternes de Röhm en 1931, lorsqu'il devient chef d'état-major, tolèrent mal son homosexualité, et le travail de sape est enclenché. Dès février 1931, Hitler se voit obligé de répondre que cela relève du domaine privé et que, de toute manière, la SA n'est pas un établissement moral.

Dès le 11 mai 1934, se met en place une agitation notable autour de la fraction anticapitaliste et plébéienne du NSDAP. Hitler décide de se débarrasser des SA durant la nuit des Longs Couteaux, le 30 juin 1934 ; Röhm est assassiné par les SS à la prison de Stadelheim le lendemain. Alors qu'on lui proposait une arme pour se suicider, il aurait rétorqué : « Laissez Hitler faire lui-même son sale travail. »

Himmler, en 1936, décrivait ainsi l'assassinat de Röhm : « Quand c'est devenu nécessaire, nous n'avons pas hésité à frapper de mort cette peste, jusque dans nos rangs. L'homosexualité est un symptôme de la dégénérescence qui pourrait détruire notre race. Nous devons revenir au principe nordique qui nous guide : l'extermination des dégénérés. »

1934 Hitler et Mussolini

Hitler rencontre Mussolini à Venise.

Mussolini dit : « Je n'aime pas ce type. Il me fait l'effet d'un moine bavard. »

Le tournant, c'est l'été suivant, quand Hitler se rend en Italie pour rencontrer Mussolini, à Venise. Hitler est impressionné par son grand aîné, son modèle. Il recherche l'accord de Mussolini à son projet d'annexion de l'Autriche. Mussolini refuse. Il ne veut pas d'une présence allemande à ses frontières

Le Duce n'apprécie pas Hitler. Il lui fait visiter Venise en prenant soin de commencer par les navires de sa flotte de guerre, alors qu'Hitler n'a pas de marine. Hitler rentre à Berlin, mortifié.

À gauche, Goering, et juste derrière Hitler, le général von Blomberg.

Hitler comprend que tant qu'il n'aura pas reconstitué sa force militaire il ne pourra rien entreprendre. Il se rend aux manœuvres de la Reichswehr, la petite armée allemande réduite à cent mille hommes par le traité de Versailles, mais très entraînée.Il sait bien que, pour faire la guerre, il faut des généraux, des amiraux, des officiers compétents, des stratèges, des spécialistes.
Hitler a toujours promis à l'armée de la délivrer du carcan du traité de Versailles, de lui redonner ses effectifs et son armement. Mais les généraux veulent plus. Ils veulent la peau de Röhm et de ses SA, qui pourraient avaler l'armée. Röhm est aussi très critiqué pour sa folie des grandeurs. Il fait de l'ombre à Hitler. Les milieux de l'industrie s'inquiètent quand Röhm proclame : « La révolution nationale-socialiste n'est pas terminée. »

30 juin 1934 la nuit des Longs Couteaux

Hitler donne à Röhm le baiser de la mort.

Ils sont complices depuis quinze ans, mais Hitler a pris sa décision. Éliminer Röhm en prétextant qu'il prépare un coup d'État.

Entre le 30 juin et le 2 juillet 1934, ce qu'Hitler va appeler la « nuit des Longs Couteaux », les SS assassinent Röhm et des dizaines, voire des centaines d'opposants possibles à l'intérieur du parti nazi ou des témoins gênants du passé du Führer.

Après la disparition de Röhm, les SA perdent toute influence et sont réduits au service d'ordre. L'armée est satisfaite.

Maintenant, en haut de la pyramide, Hitler est seul.

Les assassins de la nuit des Longs Couteaux, les SS, commandés par Himmler, défilent devant Hitler.

La nuit des Longs Couteaux

Le 30 juin 1934 se déroule la sanglante purge appelée (par Hitler) la nuit des Longs Couteaux, au cours de laquelle Ernst Röhm, le chef des SA, est arrêté avant d'être abattu le lendemain dans la cellule de la prison de Munich où il a été incarcéré.

Les SA, qui ont tant contribué à la prise de pouvoir par Hitler, paraissent désormais une menace à ce dernier. Leurs chefs, et surtout Röhm, partagent le sentiment général de leurs troupes : ils estiment que le Führer a trahi l'idéal national-socialiste.

En les faisant disparaître, Hitler élimine des rivaux potentiels à l'intérieur du parti nazi et se concilie les milieux conservateurs. Pourquoi Röhm, l'un des plus fidèles compagnons d'Hitler, a-t-il été sacrifié à la raison d'État ? Les SA, les sections d'assaut du Parti des travailleurs nationaux-socialistes allemands, ont donc accompagné l'ascension d'Hitler depuis qu'il a pris en main le parti nazi. Dès 1921, cette organisation paramilitaire intervient dans les manifestations et les confrontations avec les adversaires politiques d'Hitler, notamment les communistes.

Au lendemain de l'échec du putsch du 9 novembre 1923, la SA est décrétée illégale en Bavière. Elle n'en continue pas moins de se développer partout ailleurs en Allemagne. Reconstituée officiellement en 1926, la SA va prospérer à la faveur de la crise économique. Certaines sections comptent près de 70 % de chômeurs dans leurs rangs.

Hitler, qui a choisi d'accéder au pouvoir par les élections, est gêné par leur fanatisme. En janvier 1931, Ernst Röhm, malgré sa réputation de brute et d'homosexuel, prend la direction des SA sur ordre d'Hitler. Röhm s'attelle au renforcement des milices. Il choisit dans les rangs des Jeunesse hitlériennes les cadres de l'organisation. Mais, pour le reste, Röhm sacrifie la qualité à la quantité. Il lui faut des hommes aptes à toutes les besognes. À partir de 1933, alors qu'Hitler est désigné chancelier, un nouveau pas est franchi avec l'incorporation massive des membres des Casques d'acier, une association nationaliste d'anciens combattants, ainsi que des membres des clubs d'équitation. En 1934, la SA revendique le chiffre énorme de 450 000 hommes. Ce gigantisme s'accompagne d'exactions de toutes sortes, qui ne se sont pas arrêtées avec la prise de pouvoir par Hitler.

L'idée que la révolution est inachevée se propage dans les milieux nazis. Les industriels s'inquiètent des débordements violents de ces mêmes troupes qui leur ont été pourtant bien utiles dans les batailles de rues avec les militants communistes. Quant à Goering et à Goebbels, ils craignent pour leur position.

Tous les éléments sont donc réunis pour abattre la toute-puissance de la SA. L'armée et les milieux conservateurs y ont le même intérêt. Le 28 juin 1934, des détachements spéciaux des SS se tiennent prêts à intervenir. Le lendemain, Goebbels informe Hitler qu'il détient des renseignements « inquiétants » sur l'activité des SA. Le 30 juin, la voiture blindée du Führer roule vers Bad Wiessee, en Bavière, où Röhm a convoqué, quelques jours plus tôt, et sur ordre d'Hitler, une réunion des chefs et sous-chefs de groupes des SA. L'auberge est rapidement cernée. Hitler frappe à la porte de la chambre n° 7. Röhm lui ouvre et recule devant l'irruption du Führer qui l'accable d'injures. Le compagnon d'armes est ligoté pour être transféré à Munich. Röhm est assassiné dans sa prison sur ordre de celui qui, six mois plus tôt, lui écrivait : « Je tiens à te remercier, cher Ernst Röhm, pour les services que tu as rendus au mouvement national-socialiste et au peuple allemand. »

Dans son discours du 13 juillet 1934, Hitler légitime son coup de force en avançant la thèse du complot. Mais y croit-il réellement ? La thèse du putsch SA tombe à point car sa position à l'été 1934 est fragile. Le chancelier sait que le président Hindenburg peut remettre le pouvoir à l'armée, une perspective de nature à menacer jusqu'à l'existence même du régime nazi. Hitler a prétendu que Röhm projetait de s'emparer de Berlin. Mais pourquoi ce dernier choisit-il de quitter la capitale au début du mois de juin ? Et pourquoi Hitler décide-t-il de se rendre en Italie le 14 juin, fournissant ainsi aux SA une occasion de s'emparer du pouvoir en son absence ? En réalité, en éliminant les chefs SA, Hitler a sauvé son pouvoir. Il ne lui reste plus alors qu'à convaincre la population qu'il a sauvé l'État.

Dans les jours qui suivent l'arrestation de Röhm, Hitler poursuit sa purge meutrière qui coûte la vie à une centaine d'autres dirigeants des SA et nazis récalcitrants. Si la plupart sont mis à mort à la prison de Stadelheim ou dans le camp de concentration de Dachau, d'autres, comme Herbert von Bose, conseiller du vice-chancelier Franz von Papen, ou encore le général Kurt von Schleicher – le dernier chancelier de la république de Weimar – et sa femme, sont abattus. La purge touche également des personnalités qui n'appartiennent pas au camp nazi, dont certaines figures importantes de l'Église catholique : le dirigeant de l'Action catholique de Berlin, Erich Klausener, celui de l'organisation sportive de la jeunesse catholique (DJK), Adalbert Probst, et le journaliste Fritz Gerlich.

Août 1934 Hitler chef de l'armée allemande

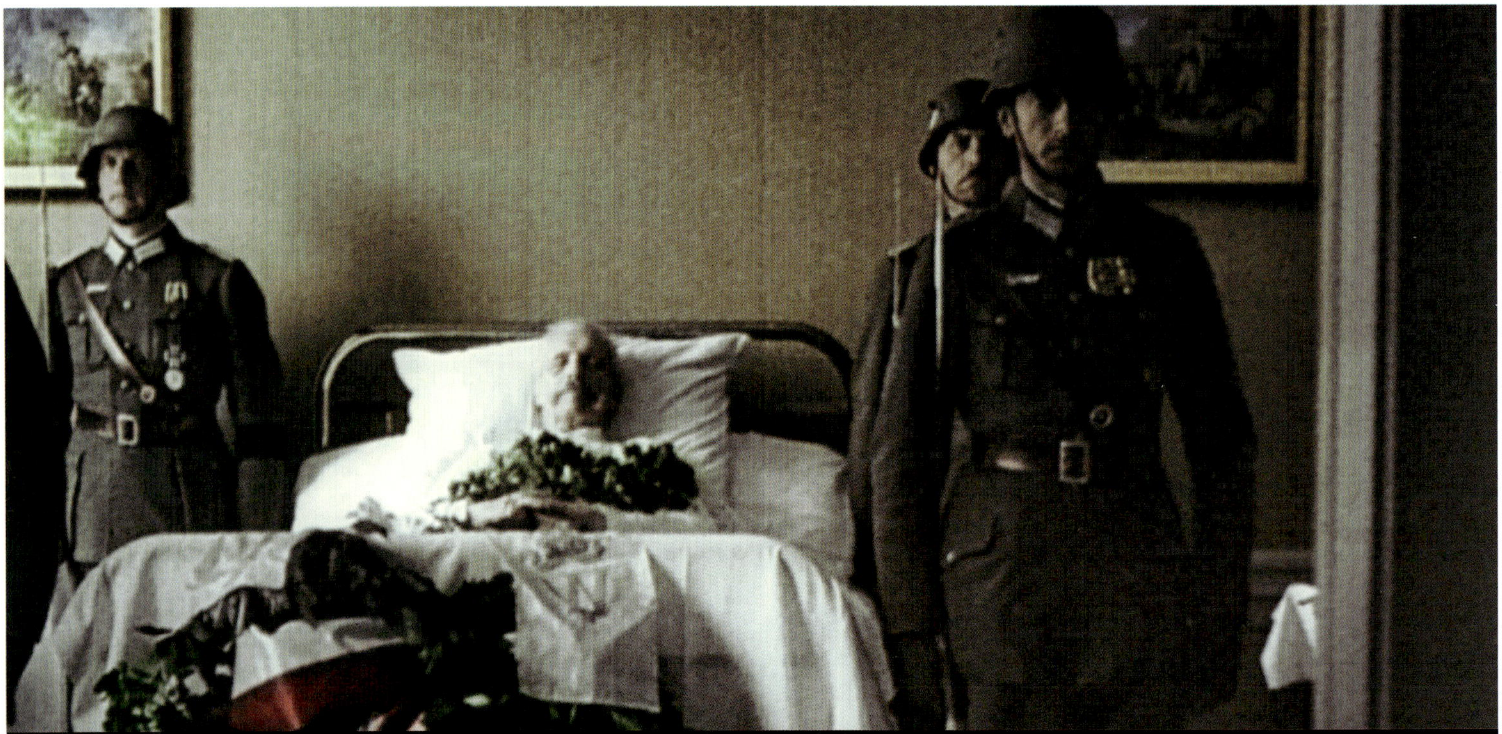

Les obsèques du maréchal Hindenburg sont aussi celles de la démocratie.

Un mois après la nuit des Longs Couteaux, le 2 août 1934, le dernier président de la république de Weimar, le maréchal Hindenburg, meurt, à quatre-vingt-sept ans. La démocratie est morte depuis longtemps. Maintenant, elle est enterrée.

Hitler assiste aux obsèques. Hitler devient chef des armées. Son pouvoir est total. Et tous les soldats lui jurent fidélité.

« Au Führer, notre chef et celui du peuple allemand, Adolf Hitler ! »

La mise au pas de l'armée

Peut-on vraiment s'étonner de la docilité dont fit preuve la Wehrmacht tout au long des campagnes dans lesquelles Hitler l'engagea, souvent contre son gré ? Rien n'est moins sûr. Car si l'armée – les officiers de haut rang – a pu regarder le « petit caporal » avec condescendance, très vite elle a trouvé intérêt à lier son sort à celui qui lui promet de retrouver une gloire ternie par la défaite de 1918 et « l'infâme traité de Versailles ».

Globalement, à l'image de Blomberg et de Schleicher, les généraux, qui n'ont cessé de se considérer comme les gardiens de la grandeur du Reich impérial défunt, se révèlent extrêmement perméables au charisme de Hitler, lequel leur promet de rétablir l'armée de conscription, d'engager l'Allemagne sur la voie du réarmement et de rattacher de nouveau au grand Reich les provinces cédées à la France par les « traîtres de novembre », ceux qui ont signé l'armistice de 1918.

Dans l'esprit des généraux, le soutien apporté au Führer n'est concevable que dans le cadre d'une reconnaissance de l'armée qui en ferait l'égale du parti national-socialiste, donc le second pilier du régime. Fin tacticien, Hitler se garde de les contrarier. Pourtant, l'illusion aurait dû se dissiper au lendemain du 2 août 1934, à la mort du président Hindenburg, quand Hitler devient tout à la fois Führer du Reich et commandant en chef de l'armée.

Désormais, le mécanisme qui subordonne l'armée au chancelier du Reich est enclenché. Deux mois auparavant, Hitler a mis fin à l'existence de la SA – comme à celle du général von Schleicher – lors de la nuit des Longs Couteaux, sans que le corps des généraux ne s'émeuve outre mesure de cet accès de violence d'État. Mieux, nombreux se sont trouvés satisfaits qu'il fût mis un terme à cette milice dont le pouvoir grandissant leur paraissait de nature à faire de l'ombre à l'armée.

Une autre journée, celle du 16 mars 1935, constituera un moment clé dans les relations d'Hitler avec l'armée. C'est en effet ce jour qu'il annoncera au Reichstag sa décision de rétablir le service militaire obligatoire et d'entreprendre le réarmement de l'Allemagne.

Dès 1934, Hitler exige donc que tous les membres de l'armée lui prêtent serment. La formule du serment, qui existait déjà sous le Reich impérial ou sous la république de Weimar, implique désormais une obéissance inconditionnelle à la personne d'Adolf Hitler, « Führer du peuple et du Reich allemand ». Il ne s'agit plus simplement de jurer fidélité au drapeau ou au chef de l'État.

Cette distinction n'a pas échappé à l'époque au général Beck, qui sera l'un des principaux acteurs de l'attentat de juillet 1944 contre Hitler, et qui dira en voyant l'armée prêter serment en 1934 : « C'est le jour le plus sombre de ma vie. »

Pour asseoir son pouvoir et donner corps à sa politique expansionniste, Hitler a besoin de disposer de cadres qui lui soient entièrement acquis. Il lui faut donc écarter ceux qui peuvent contrarier ses desseins, notamment le ministre de la Guerre, le général von Blomberg, et le général von Fritsch, le commandant en chef de l'armée. Goering va se charger de la sale besogne, déconsidérant Blomberg avec un rapport de police dans lequel figurent des photographies pornographiques de sa nouvelle et jeune épouse. Quant à Fritsch, il est contraint de démissionner après une manipulation grossière de la Gestapo faisant état de soi-disant fréquentations homosexuelles. Cette double imposture jette, un temps, la consternation au sein de l'armée, mais permettra à Hitler de devenir le chef tout-puissant des forces armées.

Communiant avec Hitler sur l'autel de la restauration de la puissance de l'Allemagne, le corps des généraux partage très largement son antisémitisme, ce qui va sans aucun doute largement faciliter l'application des ordres criminels d'Hitler en Russie et partout en Europe.

Heinrich Himmler

Himmler voit le jour à Munich en 1900, au sein d'une famille bourgeoise, catholique, attachée aux traditions bavaroises et à la patrie allemande.

Élève modèle, il souffre d'une constitution faible qui lui interdit de se distinguer en sport. Himmler appartient à ce que l'on a appelé la « génération inutile ». Comme il est né en 1900, il ne peut rejoindre l'armée qu'en 1918, à temps pour commencer son instruction et rêver de devenir officier, mais trop tard pour voir un seul champ de bataille.

La défaite allemande met en effet fin à la carrière militaire envisagée. Il se tourne alors vers l'agriculture et obtient en 1922 le diplôme d'ingénieur agronome. Une fois de plus, les événements – l'Allemagne croule sous le poids de l'hyperinflation – lui interdisent de donner suite à ses projets.

Dès 1920, il fréquente des mouvements nationalistes d'extrême droite qui le mettent en rapport avec Ernst Röhm, chef des SA.

À partir d'août 1923, il entre au parti nazi, où son activité militante va s'épanouir, et prend part au putsch de novembre 1923.

Dès 1925, date de la reconstitution du parti, il renonce à toute autre occupation pour se consacrer corps et âme au nazisme. De fait, son ascension va être fulgurante. Secrétaire pour la Haute-Bavière en 1925, directeur adjoint de la propagande du parti en 1926, il prend la tête des SS en janvier 1929 avec le titre de *Reichsführer SS* et est élu député nazi au Reichstag l'année suivante.

Paradoxalement, Himmler voit son ascension temporairement bloquée lors de la prise de pouvoir par Hitler en janvier 1933. Il est certes à la tête de 52 000 SS, mais ces derniers sont toujours subordonnés à la SA.

Et c'est Goering qui obtient la direction de la police prussienne, alors la deuxième formation armée après la Reichswehr, la force de défense du Reich.

Himmler doit se contenter des postes de préfet de police de Munich et de chef de la police bavaroise. En 1934, il participe pleinement à l'élimination de la tête, trop remuante, de la SA. Certains historiens font de lui celui qui tira toutes les ficelles de la nuit des Longs Couteaux. La seule certitude, c'est qu'il se charge d'accumuler les « preuves » du complot que Röhm aurait organisé contre Hitler.

Dès lors, maître des forces militarisées du parti et chef de toutes les polices politiques, le *Reichsführer SS* Himmler entreprend de mettre la main sur toutes les polices criminelles et urbaines. Ce sera chose faite en juin 1936.

Les événements de la guerre de 1939 à 1945 vont renforcer ses pouvoirs et faire de lui le deuxième homme le plus puissant du Reich, derrière Hitler. Mais ceci est une autre histoire. Celle des camps, de la Shoah, puis de son suicide le 24 mai 1945.

Himmler attachait un soin maladif au moindre détail, faisant montre d'une activité à peine envisageable à des niveaux apparemment peu compatibles avec l'immensité de sa tâche. Il pouvait ainsi multiplier les rapports et les conférences sur des sujets aussi variés que l'homosexualité – qu'il abhorrait –, le rituel des mariages SS, les crédits financiers dont ils pouvaient disposer – et sur lesquels il conservait la haute main –, l'amour de la nature, les origines de la race nordique, l'anthroposophie, l'occultisme, l'hygiène des soldats, le culte des ancêtres, le dessin des bagues à tête de mort, l'organisation des « soirées entre camarades », les critères de « l'examen racial » déterminant pour entrer dans la SS. Il se souciait également du comportement de ses subordonnés, qu'il s'agisse de leur attitude, de leur situation économique, de leur consommation d'alcool, de leur santé, de leur vie de couple ou de leurs projets familiaux. Quant aux plus hauts gradés du corps des officiers de la SS, ils devaient s'accommoder de sa surveillance aussi méticuleuse que pénible de leur vie. Malgré son incroyable puissance politique, militaire, financière (la SS détenait des centaines d'usines), ce souci hautement intrusif du moindre détail lui valut de susciter de sérieuses inimitiés et d'être bien souvent l'objet de moqueries : ses propres hommes parlaient de lui en le désignant par le sobriquet de *Reichsheini* (« l'imbécile du Reich » ; le diminutif d'Heinrich, Heini, signifie aussi « imbécile »). Enfin, en dépit de tous ses efforts, il ne fut jamais un homme charismatique. Il était ainsi rarement admis dans le premier cercle du Führer, celui des déjeuners à Berlin ou des dîners à Berchtesgaden.

Le « peuple allemand en adoration devant Hitler »,
un grand classique de la propagande de Goebbels, pas entièrement faux…

1934-1945 la dictature absolue

Hitler va frapper en promulguant les lois raciales de Nuremberg. Il va brûler les synagogues dans le grand pogrom de la nuit de Cristal, prélude à la solution finale.

15 septembre 1935 : promulgation des lois raciales, dites de Nuremberg, contre les Ju

La nuit de Cristal

Le 7 novembre 1938, à Paris, Herschel Grynszpan blesse mortellement le conseiller Ernst von Rath, en voulant abattre l'ambassadeur d'Allemagne. Le jeune Grynszpan a 17 ans au moment des faits. Juif d'origine polonaise, il est né en Allemagne, à Hanovre, en 1921. En exil depuis 1936 à Bruxelles puis à Paris, il survit dans des conditions difficiles. Révolté par la décision des Allemands d'expulser 15 000 Juifs polonais vivant en Silésie vers la Pologne, il a décidé de venger les siens. Sa victime, le conseiller von Rath, est, ironie de l'histoire, un diplomate connu pour ses idées antinazies et surveillé par la Gestapo.

Dès le 8 novembre, dans de nombreuses régions d'Allemagne, les chefs nazis, excités par la campagne de presse de Goebbels, se lancent dans de grandes manifestations antisémites. Dans son Journal, Goebbels écrit : « Si seulement le peuple pouvait maintenant laisser libre cours à sa colère ! » Le lendemain, averti de la mort du diplomate, le chef de la propagande nazie célèbre à Munich le 15e anniversaire du putsch de 1923. Dans la soirée, il prononce un discours bref et incendiaire et annonce à mots couverts l'organisation d'une riposte.

En accord avec Hitler, Goebbels met sur pied les « manifestations spontanées du peuple ». Venant du plus haut sommet de l'État, les ordres sont clairs : la police doit laisser faire, les SA et les sections du parti mobilisées reçoivent la liste des objectifs à détruire. Ainsi, à Mannheim, les différentes escouades de SA – les hommes doivent intervenir en civil – sont chargées d'incendier et de détruire les synagogues par explosion ou par incendie. Des hordes destructrices ratissent systématiquement les quartiers juifs des grandes villes, s'attaquent aux commerces et aux ateliers, et n'hésitent pas à assassiner les personnes rencontrées sur les lieux.

Dès le 11 novembre, Reinhard Heydrich peut établir un bilan en deçà de la réalité : 815 grands magasins et 171 maisons d'habitation incendiées et détruites ; 191 synagogues incendiées, 76 démolies. En fait, environ 7 500 commerces ont été vandalisés. Arrestations, passages à tabac et assassinats touchent une grande partie de la population juive : 20 000 personnes sont appréhendées. Au 11 novembre, 91 Juifs ont été tués et 36 autres blessés.

Le lendemain, le gouvernement adopte des dispositions discriminatoires, destinées à aggraver le sort fait aux Juifs. Trois ordonnances signées par Goering rendent les Juifs responsables des dégâts commis par les SA et

9-10 novembre 1938 : les synagogues brûlent pendant la nuit de Cristal.

les éliminent de la vie économique. Stigmatisant l'« attitude hostile du peuple juif envers le peuple et le Reich allemands », Goering ordonne le versement d'une contribution de 1 milliard de Reichsmarks au Reich allemand payable par la « communauté des Juifs de nationalité allemande ». Les deux autres ordonnances du 12 novembre fixent au 1er janvier 1939 l'interdiction aux Juifs d'exploiter des magasins de vente, des comptoirs et toute autre entreprise commerciale. Goebbels ajoute : « L'assistance aux manifestations et surtout aux représentations théâtrales, cinématographiques, aux concerts, conférences, spectacles artistiques (variétés, cabarets, cirques, etc.), de danse et aux expositions de nature culturelle, ne doit donc plus être permise aux Juifs. Effet immédiat. »
En prolongement de la première mesure, tous les propriétaires de biens détruits lors de la nuit de Cristal doivent assurer les réparations des dégâts. Quinze jours plus tard, les Juifs sont exclus des lieux publics et ne pourront plus se déplacer que dans des conditions particulières.
Toute contravention peut être sanctionnée par une amende de 150 RM ou une détention de six semaines. Téléguidée par le gouvernement et mise en scène par les militants du parti, la nuit de Cristal a été marquée par des scènes d'une grande violence, au cours desquelles des Allemands se sont déchaînés pour des mobiles les plus bas, cupidité, jalousie et, bien sûr, haine de l'autre.
Aux incendies volontaires se sont ajoutés les pillages et les vols commis par des voisins. Tous les crimes de cette sinistre nuit n'ont bien sûr pas fait l'objet d'enquêtes de police. L'arbitraire nazi dirigé contre les Juifs a consterné une partie de l'opinion allemande. Plus particulièrement ceux qui n'adhèrent pas aux idées nazies. Ainsi, dans plusieurs régions, des Juifs ont été secourus par leurs concitoyens. La destruction systématique des bâtiments et les menaces contre les personnes ont éclairé une partie de l'opinion sur la vraie nature du gouvernement. La nuit de Cristal a ainsi contribué à démasquer le véritable visage du régime nazi. Cela n'a pas échappé à Goebbels, qui fait passer dans la presse un message particulièrement menaçant à l'égard des Allemands qui plaignent les victimes. La nuit de Cristal aura été le dernier pogrom d'État avant la mise en place de la solution finale.
Elle tire son nom de l'abondance du verre brisé des vitrines, qui jonche les rues. Une plaisanterie nazie.

Hitler va violer le traité de Versailles en réoccupant les zones démilitarisées. Comme la France et l'Angleterre ne réagiront pas, leur faiblesse amènera Mussolini à se rapprocher d'Hitler et à le laisser annexer l'Autriche pour accomplir ce que celui-ci appelle sa « mission » : réunir à l'Allemagne les peuples qui parlent allemand, comme les Sudètes de Tchécoslovaquie. Il va intervenir dans la sanglante guerre d'Espagne, en lançant ses bombardiers sur Guernica, et en assurant la victoire de Franco sur la République espagnole.

Les « peuples qui parlent allemand » sont réunis au Reich. Par la force.

Hitler va entraîner Mussolini dans son délire de conquêtes.

Discours après discours, il va anesthésier le peuple allemand.

« Nous voulons que notre peuple soit pacifique. »

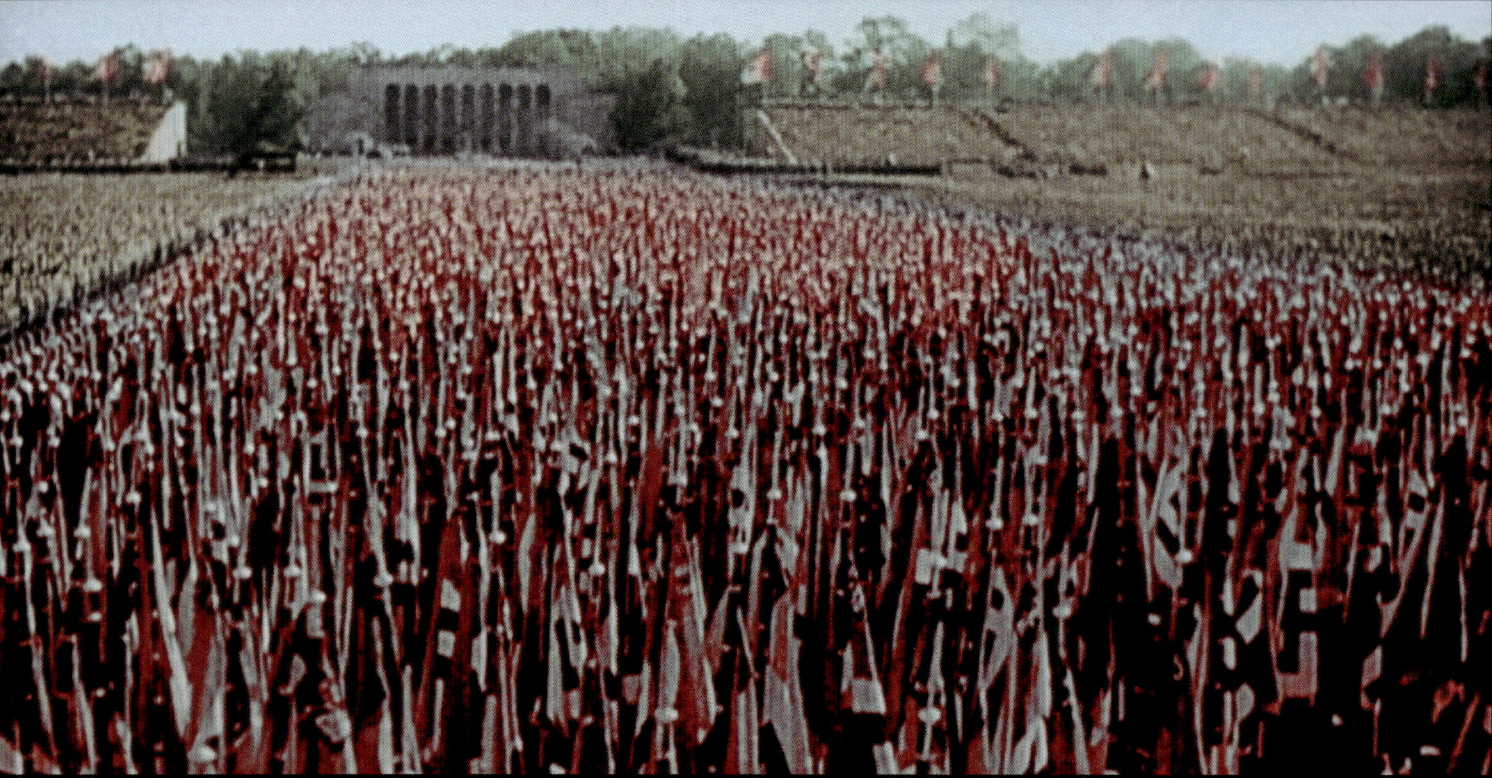

Hitler rêve à sa Grande Armée. Comme celle de Napoléon. Il l'entraînera vers Moscou. En proclamant toujours qu'il veut l'ordre, et la paix : « Nous voulons être un seul et unique Reich, et vous devez vous y préparer.

« Nous voulons que le peuple devienne obéissant, et c'est vous qui devez vous y entraîner ! »

« Nous voulons que ce peuple devienne pacifique, et aussi courageux, et c'est vous qui devez être pacifiques. »

Quand l'Allemagne sera prête, Hitler, féroce et obstiné, l'entraînera, et le monde avec elle, dans une longue nuit peuplée des fantômes de cinquante millions de morts.

Chronologie

Portrait d'Hitler par Hoffmann.

1837 **7 juin** Naissance en Autriche du père d'Hitler, Alois Schicklgruber. Fils illégitime, il prendra le nom d'Hitler au mariage de sa mère (la grand-mère d'Hitler).

1860 **12 août** Naissance de la mère d'Hitler, Klara Pölzl.

1864 Alois Hitler obtient un poste de douanier.

1871 Alois Hitler s'installe à Braunau am Inn, ville frontière avec l'Allemagne.

1876 Klara Pölzl est engagée comme servante dans la maison des Hitler. Alois Hitler est alors marié à Anna Glassl, qui ne supporte pas les infidélités de son mari et mourra jeune, en 1883.

1882 Liaison du père d'Hitler avec Franziska (Fanni) Matzelsberger, jeune servante de la *Gasthaus Streif*, où habitent les Hitler. Ils ont un enfant, Alois junior. Dès le décès d'Anna Hitler, Alois épouse Franziska.

1883 Naissance d'un deuxième enfant, Angela, qui voit le jour deux mois après les noces. Angela Raubal jouera un grand rôle auprès d'Hitler, son demi-frère. Elle sera la mère de Geli, le grand amour d'Hitler. Franziska, elle, meurt l'année suivante de la tuberculose.

1885 **7 janvier** Alois Hitler épouse Klara, sa petite servante, qui est aussi sa cousine germaine. Il doit obtenir une dispense ecclésiastique car il s'agit d'un mariage consanguin. Le couple aura trois enfants qui vont mourir très vite, jusqu'à la naissance d'Adolf. Cette famille catholique pratiquante est aussi un milieu assez sordide.

1889 **20 avril** Naissance d'Adolf Hitler.

1892 **à 1900** Fréquents déménagements de la famille le long de la frontière, et naissance du frère d'Hitler, qui mourra de la rougeole à l'âge de 6 ans. En 1896 naîtra Paula, la sœur d'Hitler qui, selon certaines sources, est assez simple d'esprit, selon d'autres, volontairement effacée. Elle ne jouera aucun rôle et mourra dans l'anonymat en 1960. Hitler va à l'école primaire où il se montre bon élève, et sert la messe dans un monastère où il prend des leçons de chant choral, la passion de son père.

1900 **Septembre** Hitler commence ses études secondaires au lycée technique de Linz, la grande ville du nord de l'Autriche, où il doit se rendre à pied tous les jours, une heure de marche qui le fatigue et qui finit, sa paresse et sa prétention aidant, à faire de lui un mauvais élève. Il redouble et abandonne ses études.

1903 **3 janvier** Mort du père d'Hitler, dans une taverne, d'une « hémorragie pulmonaire » ou d'une cirrhose. Avec son petit héritage, Hitler part pour Vienne.

1907 **Septembre** Échec d'Hitler à l'examen d'entrée à l'école des Beaux-Arts de Vienne.

21 décembre Mort de la mère d'Hitler, d'un cancer du sein, à 47 ans.

1907 **à 1914** Vie de misère à Vienne. Hitler s'enfuit en Allemagne, à Munich, pour échapper au service militaire autrichien.

1914 **28 juin** Attentat de Sarajevo, détonateur de la Première Guerre Mondiale.

2 août Immense manifestation patriotique sur l'Odeonsplatz de Munich. Hitler est dans la foule, transporté de ferveur nationale. Il écrit une supplique au roi Louis III de Bavière pour se porter volontaire dans un régiment bavarois.

3 août L'Allemagne déclare la guerre à la France. Les troupes allemandes entrent en Belgique.

4 août La Grande-Bretagne, alliée de la France, entre en guerre contre l'Allemagne.

30 août Bataille de Tannenberg, où s'illustrent déjà deux généraux allemands qui joueront un grand rôle dans la vie d'Hitler, Hindenburg et Ludendorff, remportant une écrasante victoire sur l'armée du tsar.

1er septembre Hitler est affecté au 16e régiment d'infanterie de Bavière.

6-12 septembre Les Français arrêtent l'avance allemande à la bataille de la Marne.

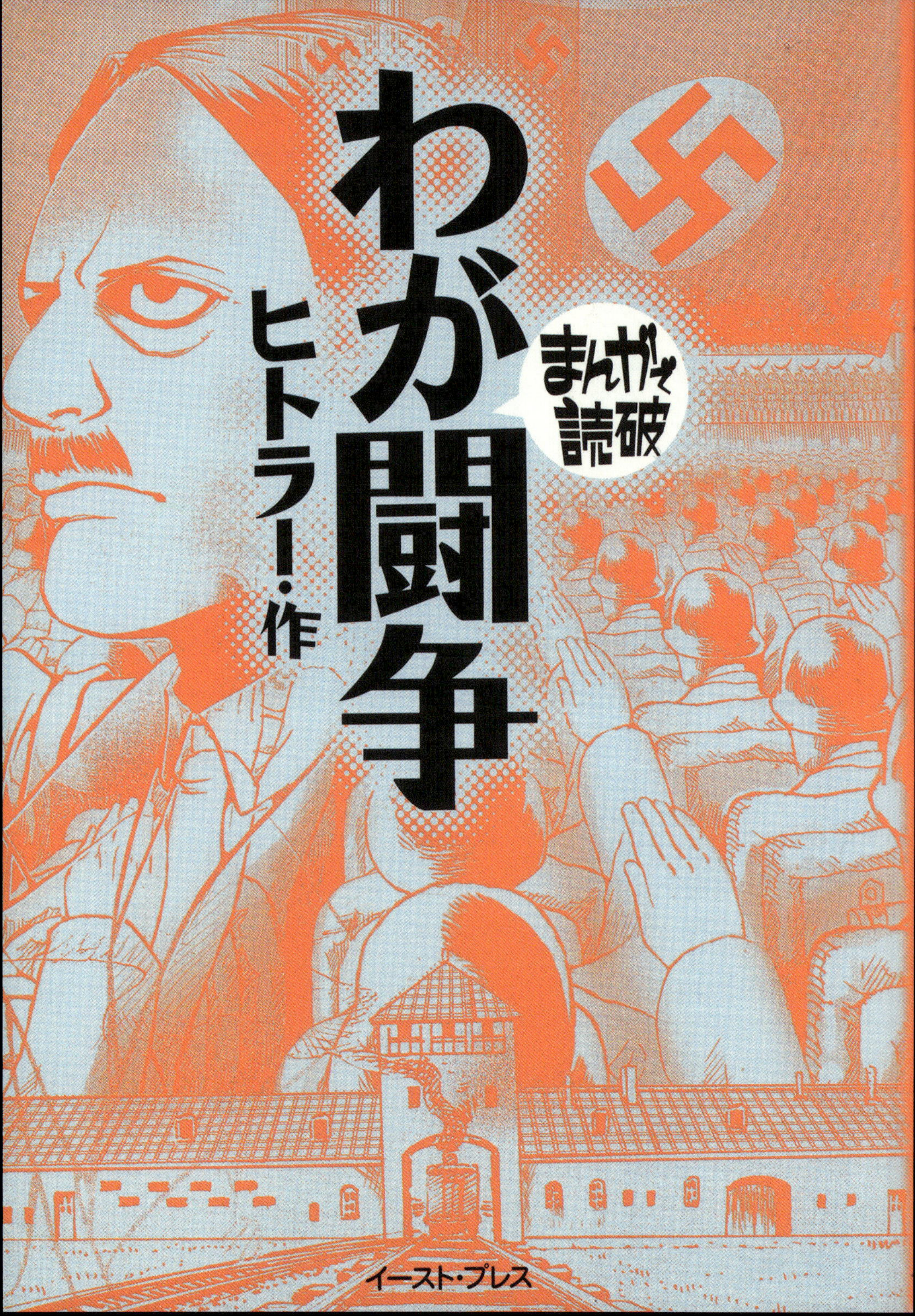

Manga de *Mein Kampf* (East Press, Japon, 2000).

1914 **Octobre** Après sa période de formation militaire, Hitler part avec son régiment pour le nord de la France, où il va faire face aux troupes anglaises.

29 octobre Hitler participe à la bataille d'Ypres. Il doit se comporter avec courage, puisqu'il est nommé caporal le 3 novembre. Il devient estafette, affectation dangereuse où le taux de mortalité est très élevé.
• Il reçoit en décembre la croix de fer de seconde classe.

Noël Hitler désapprouve vivement les gestes spontanés d'amitié entre troupes allemandes et britanniques qui se retrouvent dans un *no man's land*, se serrant la main et entonnant en chœur des chants de Noël.

1915 **5 février** Hitler adresse une longue lettre à l'un de ses amis de Munich appelé Ernst Hepp, où il écrit qu'il espère que « non seulement les ennemis extérieurs de l'Allemagne soient écrasés » mais aussi que « les ennemis de l'intérieur soient [...] brisés ».

23 mai L'Italie entre en guerre aux côtés de la Triple-Entente.

1916 **21 février** Début de la bataille de Verdun.

1er juillet Début de la bataille de la Somme.

2 octobre Le régiment d'Hitler est engagé dans la Somme. Le 7, Hitler est blessé à la cuisse gauche par l'explosion d'un obus anglais. Il est d'abord soigné dans un hôpital de campagne puis évacué sur l'hôpital de la Croix-Rouge de Beelitz près de Berlin. Il retourne dans son unité le 3 décembre, et est mis en réserve à Munich.

1917 **23 février** Début de la révolution russe aboutissant à la chute du tsarisme.

5 mars Hitler retourne au front, toujours dans les Flandres, à quelques kilomètres d'un lieu de combats célèbre, Vimy.

6 avril Entrée en guerre des États-Unis.

9 avril Le régiment d'Hitler participe à la bataille d'Arras.

Mai Début des mutineries dans l'armée française.

6 novembre Prise de pouvoir par les bolcheviks en Russie et signature trois mois plus tard d'un traité de paix avec l'Allemagne.

1918 **25 mai** Début de la 2e bataille de la Marne avec la terrible offensive allemande. Le régiment d'Hitler est engagé.

4 août Hitler reçoit la croix de fer de 1re classe pour avoir porté une dépêche importante au quartier général, sous le feu de l'ennemi.

6 août Fin de la 2e bataille de la Marne. La dernière grande offensive allemande s'effondre devant la contre-offensive tenace des Alliés.
• Les Allemands ont perdu près de 800 000 hommes.

13 octobre Dans la nuit, Hitler est victime d'une attaque de gaz près d'Ypres. Lui et quelques-uns de ses camarades sont partiellement aveuglés. Après avoir reçu les premiers soins, Hitler est transporté à l'hôpital militaire de Pasewalk, près de Stettin, en Poméranie.

9 novembre À la suite d'une véritable révolution et de multiples mutineries, abdication de Guillaume II. Proclamation de la République.

11 novembre Signature de l'armistice qui met fin à la Première Guerre mondiale.

19 novembre Hitler quitte l'hôpital et retourne à Munich où il est affecté au 2e régiment d'infanterie.

1919 **15 janvier** L'assassinat des chefs spartakistes Karl Liebknecht et Rosa Luxembourg met fin au mouvement insurrectionnel communiste qui a tenté de prendre le pouvoir en Allemagne.

28 juin Signature du traité de Versailles.

11 août Proclamation de la république de Weimar avec la signature de la Constitution, à Weimar.

L'une des principales dispositions du traité de Versailles est la reconstitution de la Pologne, qui avait disparu au xviiie siècle, partagée entre la Russie, l'Allemagne et l'Autriche. Pour donner un accès à la mer à ce nouveau pays, les Alliés imaginent un « couloir de Dantzig » qui sépare en deux le territoire allemand, solution évidemment inacceptable et qui sera l'une des causes immédiates de la Seconde Guerre mondiale.

Hitler en culotte de peau bavaroise, par Hoffmann, 1929.

1919 Septembre Hitler adhère au DAP, le Parti allemand des travailleurs, groupuscule antisémite virulent d'extrême droite.

16 octobre Hitler fait sa première prestation publique d'orateur du parti à la brasserie *Hofbräukeller*. Pour Hitler, c'est une révélation : il sait captiver un public !

1920 31 mars Hitler est démobilisé, l'armée allemande issue du traité de Versailles étant réduite à 100 000 hommes.

8 août Hitler prend la tête du DAP, le rebaptise NSDAP, Parti national-socialiste des travailleurs allemands.

13 août Hitler prononce son célèbre discours : « Pourquoi sommes-nous antisémites ? »

17 décembre Le *Völkischer Beobachter* devient le journal du parti nazi. Ce torchon ultraraciste sera plusieurs fois interdit.

27 avril La Commission des réparations à Paris fixe définitivement les demandes de réparations à 132 milliards de Goldmarks, à payer en trente ans. Cela représente une somme de l'ordre de 30 milliards d'euros. En 1920, c'est une somme vertigineuse, qui représente d'après Alfred Sauvy près de 15 % du PIB de l'Allemagne à payer chaque année… Le dernier versement (il y a eu des interruptions, pendant la guerre par exemple) a été fait par la chancelière Angela Merkel en 2011.

1921 29 juillet Hitler est élu président du parti nazi. Il se fait accorder par l'assemblée générale du parti national-socialiste des « pouvoirs dictatoriaux ». Le président de séance, Hermann Esser, le salue comme le « Führer », le chef.

21 septembre Première arrestation d'Hitler, soupçonné de préparer un putsch. Il est relâché le lendemain.

31 décembre Le parti nazi compte déjà 6 000 membres.

1922 6 février Pie XI devient pape.

25 février Hitler crée une organisation de jeunesse.

16 avril Traité de Rapallo. L'Allemagne et la Russie soviétique signent un accord par lequel elles renoncent à des réparations mutuelles. C'est le début d'une coopération, en particulier militaire.

24 juin Pour ses multiples provocations et appels au meurtre, Hitler est condamné à trois mois de prison et incarcéré à Munich. Il est relâché quinze jours plus tard.

18 juillet Le Reichstag, le parlement allemand, adopte une « loi de protection de la République » qui prévoit la possibilité d'interdire les associations et manifestations préconisant des actions illégales, punit le dénigrement du drapeau national et crée une cour de justice spéciale. Mais les effets de cette loi restent limités, car les tribunaux l'appliquent surtout contre le parti communiste, alors que l'extrême droite continue à bénéficier de la mansuétude des juges.

28 octobre Marche sur Rome. Les Chemises noires de Benito Mussolini prennent le pouvoir, modèle pour le parti nazi. En fait, c'est un mythe, les fascistes se sont arrêtés à 30 km de la ville et certains ont même décidé de rentrer chez eux sous une pluie battante. Mais Mussolini établit bien sa dictature.

D'une manière générale, la Bavière est un foyer de la droite et de l'extrême droite, alors que Berlin est plutôt à gauche, social-démocrate. La république de Weimar tire son nom de la petite ville de Weimar, en Thuringe, où est né Goethe.

31 décembre Création officielle de l'URSS. L'Union des républiques socialistes soviétiques réunit la Russie, l'Ukraine, la Biélorussie et la fédération de Transcaucasie.

1923 11 janvier Occupation de la Ruhr. Les Français et les Belges envoient leurs troupes occuper la Ruhr, ce qui plonge l'Allemagne dans une crise politique majeure et met en péril l'unité même de la République ; des mouvements séparatistes en Rhénanie profitent de la situation pour passer à l'acte ; hyperinflation ; troubles importants en Bavière et conflit entre gouvernement bavarois et gouvernement fédéral ; soulèvements communistes en Saxe, en Thuringe et à Hambourg.

Juillet Le dollar est à 353 Reichsmarks.

Entrée de la « Maison brune », quartier général du parti nazi à Munich.

1923 **Septembre** Le dollar est à 98 860 Reichsmarks.

Octobre Le dollar est à 25 260 208 Reichsmarks.
Le gouvernement décrète l'état d'urgence. C'est désormais le chef de l'armée, le général Hans von Seeckt, qui détient le pouvoir effectif.

8-9 novembre Hitler tente de prendre le pouvoir à Munich. Avec le général Ludendorff et ses troupes, il se heurte à l'armée et à la police restées fidèles au gouvernement légal. Une brève fusillade fait 14 morts chez les nazis et 4 dans la police. Le putsch est un échec, le parti nazi est interdit et Hitler est incarcéré à la prison de Landsberg am Lech, petite ville pittoresque à 60 km de Munich. 39 gardiens sont là pour accueillir Hitler dans sa prison. Anton von Graf Arco-Valley, le meurtrier de Kurt Eisner, le Premier ministre bavarois assassiné en février 1919, doit abandonner la spacieuse cellule n° 7 pour laisser la place à Hitler.
Hitler est interrogé par le brillant avocat Hans Ehard, qui deviendra ministre-président de Bavière après 1945. Hitler rejette l'accusation de haute trahison.

1924 **26 février-27 mars** Procès des accusés du putsch. 15 jours plus tard, le verdict est rendu. Hitler n'est condamné qu'à 5 ans de prison, ce qui montre bien la complaisance et la sympathie du tribunal.

7 juillet Hitler annonce à la presse sa décision de se retirer de la vie politique.

20 décembre Hitler est libéré après de multiples péripéties, interventions et hésitations des autorités judiciaires. Cette courte détention lui a permis d'écrire le premier tome de *Mein Kampf*. Un mois après sa sortie de prison, l'interdiction du parti nazi et de son journal est levée. Hitler fait immédiatement sa grande rentrée politique à la *Bürgerbräukeller*, la fameuse brasserie où il a prononcé ses discours et lancé le putsch. Hitler parle pendant près de deux heures devant 3 000 personnes.

1925 **28 février** Mort du président social-démocrate Friedrich Ebert à 54 ans. Premier président du Reich sous la république de Weimar, il a été diffamé par la droite qui l'accuse d'avoir pris part à la grève des munitions de janvier 1918. Le cardinal Faulhaber, archevêque de Munich et de Freising, qui a une fois qualifié de « haute trahison » la révolution de 1918, refuse de faire sonner le glas dans les églises de son diocèse en l'honneur du président disparu.

29 mars Élections présidentielles. Ludendorff, qu'Hitler a poussé à se présenter, n'obtient que 286 000 voix, soit 1,1% des suffrages exprimés. Le maréchal Hindenburg est élu.

30 avril Hitler renonce à la nationalité autrichienne : il n'a donc plus à craindre d'être expulsé vers l'Autriche. Il lui faudra attendre sept ans avant d'avoir la nationalité allemande.

18 juillet Parution du premier volume de *Mein Kampf*.

16 octobre Accords de Locarno. L'Allemagne, la Belgique, la France, l'Italie, la Pologne, le Royaume-Uni et la Tchécoslovaquie confirment les frontières occidentales de l'Allemagne.

9 novembre Hitler crée la SS (*Schutzstaffel*), une garde prétorienne fanatisée habillée de noir et qui va devenir le symbole même de la mort nazie.

16 décembre Discours à Stuttgart, à la Liederhalle, où Hitler présente l'« acquisition de terre et de sol » comme la meilleure solution aux problèmes économiques de l'Allemagne, et dans lequel il fait allusion à la colonisation de l'Est « par l'épée » au Moyen Âge.

1926 **à 1928** Hitler se montre davantage préoccupé par la question de l'espace vital que par celle des Juifs.

1926 **Juillet** Après une année très politique, surtout occupée par les rapports complexes entre les différents groupes d'extrême droite et l'affirmation de son rôle de « Führer », Hitler part en vacances à Berchtesgaden, dans les Alpes de Bavière, station de montagne réputée où il va finir par louer un petit chalet qui deviendra le *Berghof*.

Juillet Il écrit le deuxième volume de *Mein Kampf*, qui reflète sa préoccupation dominante du moment, l'« espace vital » et sa future conquête à l'est, en Russie, sur les Slaves.

8 septembre Entrée de l'Allemagne à la SDN, la Société des nations, ancêtre de l'ONU, créée à Genève par le traité de Versailles pour garantir la paix.

11 décembre Parution du deuxième tome de *Mein Kampf*.

Hitler à son bureau (moulures en croix gammée au plafond).

1927 **19 août** Congrès du parti nazi à Nuremberg, ville qui jouera désormais un grand rôle. L'impression générale est que les nazis sont en perte de vitesse.

1928 **20 mai** Élections législatives en Allemagne. Le parti nazi, de nouveau autorisé puisqu'il n'est plus considéré comme dangereux, n'obtient que 2,6 % des voix. Hitler est définitivement hors de course.

1929 **6 janvier** Heinrich Himmler est nommé chef de la SS.

1er-4 août Congrès du parti nazi à Nuremberg. Sont conviés Emil Kirdorf, industriel de la Ruhr et bienfaiteur du parti, et Winifred Wagner.

Octobre Installation d'Hitler (puis de Geli Raubal, sa nièce) à Munich.

24 octobre Effondrement de la Bourse de New York (« Jeudi noir »).

17 novembre Élections municipales à Berlin. Le NSDAP fait presque quatre fois mieux qu'en 1928.

8 décembre Élections régionales en Thuringe. Le NSDAP obtient son résultat le plus significatif, avec trois fois plus de voix qu'en 1928. Le parti nazi franchit pour la première fois la barre des 10 %, avec 11,3 % des suffrages exprimés.

1930 **30 mars** Heinrich Brüning est nommé chancelier.

16 juillet Le Reichstag rejette le projet de loi visant à réformer les finances de l'État au prix d'une politique draconienne de réduction des dépenses publiques et d'augmentation des impôts.

18 juillet À la demande de Brüning, Hindenburg dissout le Parlement.

10 septembre Au Palais des sports de Berlin, 16 000 personnes viennent écouter Hitler.

14 septembre Élections législatives. Avec 18 % des voix et 107 sièges, le parti nazi devient le 2e parti au Reichstag.

1931 **5 janvier** Ernst Röhm, rappelé de son exil en Bolivie, prend ses nouvelles fonctions de chef d'état-major des SA.

28 mars Décret d'urgence donnant à Brüning de larges pouvoirs pour combattre les « débordements » politiques. Le spectre d'une interdiction du NSDAP se rapproche très nettement.

19 septembre Geli Raubal est découverte morte dans l'appartement d'Hitler. Le suicide est l'explication la plus probable.

30 octobre Baldur von Schirach est nommé à la tête des Jeunesses hitlériennes.

1932 **27 janvier** Discours d'Hitler devant quelque 650 membres du Cercle industriel de Düsseldorf, qui ne réussit pas à ébranler le scepticisme du grand capital, pour qui le NSDAP est un parti socialiste aux objectifs anticapitalistes.

1932 **22 février** Goebbels annonce la candidature d'Hitler aux élections présidentielles.

26 février Hitler acquiert la nationalité allemande.

1932 **13 mars** 1er tour de l'élection présidentielle. Hitler obtient 30,1 %.
Printemps Début probable de la liaison entre Hitler et Eva Braun.

1932 **3 avril** Début du premier « survol de l'Allemagne » par Hitler.
10 avril 2e tour de l'élection présidentielle. Hindenburg est élu avec 53 % des voix ; Hitler obtient 36,8 %.
16-24 avril 2e survol de l'Allemagne par Hitler.
28 avril Au cours de conversations secrètes avec le général von Schleicher, Hitler apprend que les chefs de l'armée ne soutiennent plus Brüning.

1932 **5 mai** Début du second septennat d'Hindenburg.
24 mai Rencontre d'Hitler et de Leni Riefenstahl.
30 mai Démission de Brüning.

1932 **1er juin** Franz von Papen est nommé chancelier et forme un « cabinet des barons ».
4 juin Papen dissout le Reichstag.
16 juin Affrontements armés et combats de rues quotidiens opposant les SA aux communistes. On relève 17 assassinats en juin, 86 morts en juillet, des centaines de blessés graves.

1932 **15 juillet** Début du 3e survol de l'Allemagne par Hitler.
17 juillet « Dimanche sanglant » d'Altona : 18 morts (surtout des ouvriers rassemblés à l'appel des communistes et quelques nazis) et 64 blessés lors du combat de rue le plus meurtrier de l'été.

Nuremberg, congrès du parti nazi de 1929.
De gauche à droite : Heydrich, von Salomon (chef des SA), Hess, Hitler.

1932 **31 juillet** Élections législatives. Avec 37,4 % des voix et 230 sièges, les nazis deviennent la première force politique.

1932 **10 août** Papen évoque avec Hindenburg la possibilité de nommer Hitler chancelier d'un gouvernement composé de nazis et de centristes. Hindenburg répond : « Faire d'un caporal bohémien le chancelier du Reich, ce serait du propre ! » Tandis qu'un décret d'urgence prescrit la peine de mort pour les assassinats politiques, des SA assassinent sauvagement un ouvrier au chômage, sympathisant communiste, dans le village de Potempa (Silésie).
13 août Reçu en audience par Hindenburg, Hitler se voit refuser le seul poste qu'il brigue. Hindenburg confie à un proche qu'il ne ferait même pas d'Hitler un ministre… des Postes.
19-22 août Le procès des meurtriers de l'ouvrier silésien trouve de larges échos dans la presse. Cinq d'entre eux sont condamnés à la peine de mort.
22 août Hitler se montre solidaire des SA condamnés, déclarant : « Mes camarades ! Au vu de ce verdict sanglant des plus monstrueux, je me sens lié à vous par une indéfectible loyauté. » Papen finira par commuer les peines de mort en perpétuité.

1932 **1er septembre** Le NSDAP et le Zentrum engagent des négociations.
8 septembre Devant les chefs nazis réunis, Hitler souligne que de nouvelles élections sont inévitables.

1932 **11 octobre-5 novembre** 4e survol de l'Allemagne par Hitler.
13 octobre Le *Völkischer Beobachter* proclame que le « Führer commence son nouveau combat pour l'Allemagne ».

1932 **1er novembre** Hitler interrompt brièvement sa campagne électorale en apprenant qu'Eva Braun a tenté de se suicider.
6 novembre Élections législatives. La baisse du parti nazi avec 33,1 % des voix et 196 sièges (34 de moins) est commentée dans le monde entier comme le prélude d'un effondrement.
16 novembre Hitler rejette l'invitation formelle du chancelier Papen à engager des discussions en vue de l'associer au gouvernement.
17 novembre Papen remet sa démission.
19 novembre Le jour même où il rencontre Hitler, Hindenburg reçoit une pétition de 20 hommes d'affaires exigeant la nomination d'Hitler à la chancellerie.
21 novembre Hitler réitère sa demande à Hindenburg d'être nommé chancelier.
30 novembre Mécontent du refus d'Hindenburg, Hitler ne donne pas suite à une nouvelle invitation.

1932 **3 décembre** Hindenburg choisit le général von Schleicher comme chancelier. Lors d'une réunion secrète à Berlin, Schleicher offre le poste de vice-chancelier et de ministre-président de la Prusse à Gregor Strasser, rival d'Hitler au sein du NSDAP, favorable à l'entrée du parti au gouvernement.
5 décembre Réunion houleuse du NSDAP à l'hôtel Kaiserhof de Berlin après la nomination de Strasser.
6 décembre Goering est reconduit comme président du Reichstag.
8 décembre Démission de Strasser. Dans un long discours devant les mêmes inspecteurs du parti convoqués plus tôt par Strasser, Hitler réfute point par point les raisons invoquées par Strasser dans sa lettre de démission.

1933 **4 janvier** Entrevue secrète Hitler-Papen chez le banquier Schröder à Cologne, en vue de former un gouvernement d'union. Mais chacun des deux hommes brigue la chancellerie.
10 janvier 2e rencontre Hitler-Papen chez Ribbentrop : Papen confirme l'hostilité d'Hindenburg à la nomination d'Hitler à la chancellerie.
15 janvier Élections dans le minuscule Land de Lippe-Detmold. Après une campagne acharnée, les nazis parviennent à enrayer leur baisse, gagnant près de 6 000 voix par rapport à novembre en passant de 34,7 à 39,5 %.
20 janvier Devenu président des États-Unis, Franklin D. Roosevelt lance bientôt la politique du New Deal.
22 janvier Hitler rencontre Oskar Hindenburg, le fils du président, chez Ribbentrop. Papen et Goering sont également présents. Hitler réclame toujours la chancellerie mais se fait passer pour moins gourmand. Papen réclame la vice-chancellerie, et est alors décidé à tout faire pour qu'Hitler soit chancelier.
25 janvier Hindenburg s'entretient des rumeurs de coup d'État militaire avec le général von Blomberg sans savoir que ce dernier est acquis à Hitler.
27 janvier Ribbentrop demande à Papen de faire tout son possible pour qu'Hitler soit chancelier. Papen se déclare partisan sans réserve d'une telle nomination.
28 janvier Faute d'avoir obtenu du président Hindenburg l'ordre de dissolution, le chancelier Schleicher remet aussitôt sa démission.
• Hindenburg prie Papen de trouver une solution dans le cadre de la Constitution et avec le soutien du Reichstag. D'après le récit de Papen, le président lui demande d'étudier la possibilité d'un cabinet Hitler.

Hitler Chancelier, portrait officiel, Jacobs, 1933.

1933 **28 janvier** Papen rencontre Hitler et Alfred Hugenberg, député et secrétaire du DNVP, le Parti national du peuple allemand. Il sonde aussi d'anciens ministres conservateurs, d'accord pour travailler dans un gouvernement formé par Hitler.

• Dans la nuit, Papen fait part à Hindenburg de ses discussions. Le président est impressionné et, satisfait de la « modération » des exigences d'Hitler, désormais disposé à prendre Hitler.

29 janvier Hindenburg choisit Blomberg comme ministre de la Guerre, pour s'assurer que l'armée ne va pas soutenir Schleicher.

• Papen rencontre Hitler et Goering pour s'entendre sur la composition du gouvernement : Hitler, chancelier, Wilhelm Frick, ministre de l'Intérieur, Goering, ministre sans portefeuille et adjoint au ministère prussien de l'Intérieur.

• Papen s'entretient aussi avec Hugenberg et les chefs des Casques d'acier, tous inquiets qu'Hitler soit promu.

• Nouvelle alarme dans la soirée : le bruit court qu'Hindenburg veut finalement nommer un cabinet minoritaire dirigé par Papen.

30 janvier Hindenburg nomme Hitler chancelier, dans un cabinet dominé par la droite classique (Papen est vice-chancelier) et tenu de trouver une majorité parlementaire sans nouvelle dissolution. Ce dernier point, violé par Hitler, est à l'origine de la campagne pour les élections du 5 mars, à la faveur desquelles il installe sa dictature.

• À 17 heures, se tient la première réunion du cabinet d'Hitler.

• À 19 heures, Goebbels improvise dans le centre de Berlin une marche aux flambeaux des SA, des Casques d'acier et des SS, qui se prolonge jusqu'à minuit passé. Les chiffres oscillent entre 15 000 participants (d'après l'attaché militaire de l'ambassadeur à Londres) et 1million (d'après Goebbels).

31 janvier Le nouveau gouvernement communique que l'Allemagne « reconnaît et applique les traités qu'elle a signés ». Soulagement planétaire, sentiment en Allemagne et ailleurs que le pouvoir va assagir Hitler.

1933 **1er février** Hindenburg accepte la dissolution du Reichstag.

• Dans la soirée, Hitler s'adresse au peuple allemand à la radio.

3 février Hitler réunit les chefs militaires, les flatte dans leur corporatisme et leur laisse entendre que s'ils guerroient, ce sera contre l'URSS.

4 février Décret sur la « protection de la nation allemande », permettant à la police de saisir la presse et d'entraver les réunions électorales, alors qu'on entre en campagne.

9 février Lors de la réunion du Comité pour la création d'emplois, Hitler rappelle que « des milliards sont nécessaires pour le réarmement ».

10 février Premier discours d'Hitler en tant que chancelier au Palais des sports et début de la campagne électorale pour les législatives du 5 mars. La salle est pleine à craquer.

17 février Un décret oblige la police à coopérer avec les « associations nationales » (SA, SS et Casques d'acier). Tous les policiers faisant usage de leurs armes sont désormais couverts par Goering. S'ensuit un accroissement de la violence.

20 février Hitler et Goering rencontrent plusieurs dizaines de grands patrons, auxquels ils promettent de favoriser leurs affaires par la répression des syndicats et l'abolition de la démocratie. Ils font ensuite une quête fructueuse pour couvrir leurs frais de campagne.

22 février Goering crée une « police auxiliaire » constituée de la SA, la SS et des Casques d'acier, en raison de la prétendue recrudescence des violences de « l'extrême gauche ». La répression ne fait que croître.

• Ouverture du premier camp de concentration à Oranienburg.

24 février Perquisition du siège du Parti communiste à Berlin. Le 28, Goering prétend devant la presse avoir trouvé des documents sur la préparation d'un coup d'État et annonce leur publication imminente.

27 février À 21 heures, un jeune chômeur Hollandais met le feu au Reichstag. Interrogé par la police, il passe aux aveux et explique qu'il a agi seul. Goering est persuadé – et convainc Hitler – qu'il s'agit d'un complot communiste.

• Entre 22 h 30 et 23 h 15, Goering réunit chez lui Hitler, Goebbels et Frick. Il ordonne la mise en état d'alerte maximale de la police, l'emploi sans restriction des armes à feu et l'arrestation massive des communistes et des sociaux-démocrates.

28 février Un décret pour la « protection du peuple et de l'État » étend les mesures d'urgence à l'ensemble du territoire. La voie de la dictature est désormais grande ouverte. Toutes les libertés personnelles sont visées (y compris la liberté d'expression et d'association, celle de la presse et le respect du caractère privé des communications postales et téléphoniques).

• Dans la nuit, une rafle des députés et cadres communistes est organisée.

SA à l'entraînement en 1932.

1933 **4 mars** Dans un discours radiodiffusé, Hitler lance un appel à l'électorat.
5 mars Élections législatives. Les nazis obtiennent 44 %, leurs alliés du DNVP 8 %, ce qui donne enfin à Hitler une majorité artificiellement augmentée par l'invalidation immédiate des élus communistes et leur non-remplacement. Néanmoins, Hitler n'atteint pas la majorité des deux-tiers nécessaire pour modifier la Constitution et détenir les pleins pouvoirs. De nombreuses violences sont perpétrées par la SA.
13 mars Josef Goebbels, jusque-là *Gauleiter* (responsable territorial du NSDAP) de Berlin et chargé de la propagande au sein du parti nazi, devient ministre de l'« Éducation du peuple et de la Propagande ». Première violation de l'engagement nazi (ne pas modifier la composition du gouvernement).
21 mars « Journée de Potsdam ». À l'occasion de la réunion du nouveau Reichstag, Hindenburg et les élites traditionnelles adoubent le nouveau pouvoir.
22 mars Himmler annonce à la presse l'ouverture du camp de concentration de Dachau dans une ancienne usine de poudre à la périphérie de Dachau, près de Munich.
23 mars Dans son discours au Reichstag, Hitler se dit vaguement favorable au soutien des exportations et attaché à la stabilité monétaire, obtenant ainsi le soutien des partis « nationaux ».
• La loi des pleins pouvoirs – pour quatre ans – est votée par 441 voix contre 94 (celles des socio-démocrates). Le décret suspendant les libertés est transformé en loi constitutionnelle grâce aux voix du Centre catholique.
Le Reichstag a voté sa propre mort.
27 mars Le Congrès juif américain appelle au boycott mondial des produits allemands.

1933 **1er avril** Journée de boycott des commerçants juifs en Allemagne.
7 avril Révocation des Juifs allemands de la fonction publique, et radiation des Juifs du Barreau.

1933 **1er mai** Grande « fête du travail » à Berlin, selon la tradition ouvrière. Les syndicats sont dissous le lendemain au profit d'un « Front du travail ».
10 mai Autodafés (bûchers de livres) dans plusieurs villes universitaires.
27 mai Martin Heidegger, recteur de l'université de Fribourg, évoque les étudiants « en marche » qui se mettent au service de l'État nouveau.

1933 **1er juin** Loi sur la réduction du chômage.
5 juin Dissolution des partis politiques, à l'exception du NSDAP.
17 juin Baldur von Schirach est promu « chef de la jeunesse allemande » après la dissolution des organisations de jeunesse non catholiques.

1933 **14 juillet** Loi sur la stérilisation eugénique (« Loi pour la prévention des maladies héréditaires dans la jeunesse »).
20 juillet Concordat entre Hitler et Pie XI.

1933 **30 août-3 septembre** 5e congrès du parti nazi, « congrès de la victoire ».

1933 **14 octobre** L'Allemagne se retire de la Conférence du désarmement et de la Société des nations.

1934 **26 janvier** Pacte de non-agression entre l'Allemagne et la Pologne.

1934 **6 février** La manifestation antiparlementaire organisée à Paris par des groupes de droite et les ligues d'extrême droite tourne à l'émeute.

1934 **9 mars** Himmler devient chef de la Gestapo.

1934 **14-15 juin** 1re entrevue entre Mussolini et Hitler où le Duce se prononce contre l'annexion de l'Autriche par l'Allemagne.
21 juin Hindenburg demande à Hitler d'assurer la paix intérieure en Allemagne.
26 juin Découverte du document selon lequel Röhm aurait commandé aux SA de s'armer en vue d'une attaque contre la Reichswehr. Il s'agit très probablement d'un faux.
29 juin À l'hôtel Dreesen de Bad Godesberg, Hitler, Goebbels et Sepp Dietrich préparent l'intervention contre la SA à Munich (nuit des Longs Couteaux).
30 juin À 6 h 30, Hitler arrête Röhm, pistolet au poing. De nombreuses exécutions sommaires et arrestations ont lieu, surtout à Berlin et à Munich (le vice-chancelier Papen est arrêté, le général Schleicher et Gregor Strasser assassinés).
• Aux premières heures du jour, 3 000 SA armés écument les rues de Munich, dénonçant la « traîtrise » dont est victime la SA.
• Suivi de sa garde rapproché, Hitler se précipite au ministère bavarois de l'Intérieur et convoque les chefs locaux de la SA.
30 juin-2 juillet Nuit des Longs Couteaux. Une centaine de personnalités sont assassinées (d'autres avancent le chiffre de 150 à 200). Début d'une croissance exponentielle du mouvement SS dirigé par Himmler et Heydrich.

Leni Riefenstahl tourne *Le Triomphe de la volonté* en 1934.

1934 **30 juin-2 juillet** Hitler dénonce la « pire trahison de l'histoire du monde », à savoir le complot qu'aurait organisé Röhm pour s'en prendre à la Reichswehr.

1934 **1er juillet** Hitler finit par autoriser l'assassinat de Röhm. Blomberg adresse un communiqué aux forces armées pour louer le « courage exemplaire » dont le Führer a fait preuve en attaquant et en écrasant les « traîtres et les mutins ».
2 juillet Hitler annonce officiellement la fin de l'« action d'épuration ».
• Un télégramme d'Hindenburg assure à Hitler sa « profonde gratitude pour son intervention résolue et la courageuse implication personnelle qui ont sauvé le peuple allemand d'un grave danger ».
• Goering ordonne à la police de brûler tous les dossiers liés à la nuit des Longs Couteaux. Tous ne seront pas détruits.
13 juillet Dans un discours au Reichstag, Hitler accepte sans détour la pleine et entière responsabilité du meurtre collectif lors de la nuit des Longs Couteaux.
20 juillet Fin de la subordination de la SS à la SA.
25 juillet Assassinat à Vienne du chancelier Engelbert Dollfuss par les nazis autrichiens lors d'une tentative de putsch.

1934 **1er août** Loi permettant à Hitler de cumuler, à compter de la mort – imminente – d'Hindenburg, les fonctions de président et de chancelier du Reich.
2 août Dès la mort d'Hindenburg, Hitler applique la loi votée la veille et devient « Führer de l'État » ; l'armée lui prête désormais serment de fidélité.
7 août Funérailles d'Hindenburg en grande pompe au mémorial de Tannenberg, alors que le président voulait être enterré chez lui.
19 août Plébiscite sur les décisions d'Hitler. 89,9 % d'Allemands acceptent qu'Hitler soit à la fois chef de l'État, du gouvernement, du parti et commandant suprême des forces armées.

1934 **4-10 septembre** 6e congrès de Nuremberg, filmé par Leni Riefenstahl sous le titre *Le Triomphe de la volonté*.

1935 **13 janvier** Plébiscite en Allemagne pour le rattachement de la Sarre au Reich. 91 % de oui.

1935 **1er mars** La Sarre est officiellement rattachée au Reich.
14 mars Hitler annonce, en violation du traité de Versailles, la création d'une armée de l'air puissante, la Luftwaffe.
15 mars En France, l'Assemblée nationale approuve l'allongement de la durée du service militaire de un à deux ans.
16 mars Hitler proclame la nouvelle Wehrmacht composée de 36 divisions et l'introduction du service militaire obligatoire pour tous, en violation du traité de Versailles.
18 mars Le gouvernement britannique publie une protestation plate et formelle contre le réarmement de l'Allemagne, mais n'annule pas pour autant la visite à Berlin de ses ministres John Simon et Anthony Eden.
25 mars Au cours d'une entrevue, Hitler réclame au ministre anglais des Affaires étrangères un traitement égal de l'Allemagne dans le domaine des armements.

1935 **21 mai** Introduction du « certificat d'aryanité » (*Ariernachweis*) pour les officiers. Les Juifs sont exclus du service militaire.
29 mai Tentative de suicide d'Eva Braun.

1935 **4 juin** Début des discussions sur un accord naval entre les Britanniques et les Allemands (Ribbentrop se rend à Londres).
18 juin L'accord naval anglo-allemand signé à Londres, qui donne à l'Allemagne le droit de construire une flotte égale à un tiers de la Navy, est une violation conjointe du traité de Versailles par les deux nations.

1935 **18 août** Selon le ministre de l'Économie, Schacht, une législation antijuive est en préparation et doit être considérée comme l'objectif central du gouvernement.
20 août Frick réitère l'interdiction d'Hitler de mener des « actions individuelles ».
• Schacht convoque les dirigeants de l'État et du parti afin de discuter de la « question juive ».
31 août Aux États-Unis, la première des lois de neutralité est votée.

1935 **4 septembre** Médiocrité des niveaux de vie, baisse des salaires réels et forte augmentation de certains produits de première nécessité.
10-16 septembre 7e congrès de Nuremberg, dit « congrès de la liberté ».
15 septembre Vote des lois de Nuremberg excluant les Juifs de la communauté nationale. Vote de la loi sur le drapeau du Reich et la citoyenneté du Reich.

Bibliographie

Baechler Christian,
L'Allemagne de Weimar (1919-1933), Fayard, 2007.

Bartov Omer,
L'Armée d'Hitler. La Wehrmacht, les nazis et la guerre, Hachette, 1999.

Berstein Serge et Milza Pierre,
Histoire du xxe siècle, Hatier, 1996.

Bled Jean-Paul,
Histoire de Munich, Fayard, 2009.
Bismarck, Perrin, 2011.

Broszat Martin,
L'État hitlérien, Fayard, 1985.

Carsten F.L.,
The Reichswehr and Politics (1918-1933), Oxford University Press, 1966.

Duroselle J.B.,
Histoire des relations internationales de 1919 à 1945, Armand Colin, 2001.

Evans Richard,
Le Troisième Reich, vol. 1, Flammarion, 2009.
Le Troisième Reich, vol. 2, Flammarion, 2009.

Gellately Robert,
Avec Hitler. Les Allemands et leur Führer, Flammarion, 2003.

Hamann Brigitte,
Hitler's Vienna. A dictator's apprenticeship,
Oxford University Press, 1999.

Kershaw Ian,
L'Opinion allemande sous le nazisme : Bavière (1933-1945),
CNRS édition, 2002.
Hitler 1889-1936, vol.1, Flammarion, 2001.
Hitler 1936-1945, vol. 2, Flammarion, 2001.
Le Mythe Hitler, Flammarion, coll. « Champs Histoire », 2008.

Longerich Peter,
Die braunen Bataillone. Geschichte der SA, Munich, 1989.

Richard Lionel,
La Vie quotidienne sous la République de Weimar,
Hachette, Paris, 1983.

Tooze Adam,
The Wages of Destruction, Penguin Book, 2007.

Vitkine Antoine,
Mein Kampf, histoire d'un livre, Flammarion, 2009.

Weber Thomas,
Hitler's First War, Oxford University Press, 2010.

Wistrich Robert,
Who's Who in Nazi Germany, Routledge, Londres, 2002.

Témoignages

Auerbacher Inge,
Ich bin ein Stern, Beltz & Gelberg, 1992.

Baur Hans (général),
J'étais le pilote de Hitler, France Empire, 1957.

Deutschkron Inge,
Ich trug den gelben Stern, Verlag Wissenschaft und Politik,
Cologne, 1978.

François-Poncet André,
Souvenirs d'une ambassade à Berlin, Flammarion, 1946.

Goebbels Joseph, *Journal, 1923-1933,* vol.1, Tallandier, 2006.

Günther Dorothea, *Témoignage,* Berlin, 2010.
Cf : http://www.dhm.de/lemo/forum/kollektives_gedaechtnis/566/index.html

Haffner Sebastian,
Histoire d'un Allemand : souvenirs (1914-1933), Actes Sud, 2003.

Koehn Ilse,
Mon enfance en Allemagne nazie, L'École des loisirs, 1981.

Limberg Margarete,
Rübsaat Hubert (Hg.), Sie durften nicht mehr Deutsche sein. Jüdischer Alltag in Selbstzeugnissen 1933-1938, Berlin, 2003.

Shirer William,
Les Années du cauchemar (1934-1945), Tallandier, 2009.

Speer Albert,
Au cœur du Troisième Reich, Fayard, 1971.

Zweig Stefan,
Correspondance (1932-1942), Grasset & Fasquelle, 2008.
Le Monde d'hier : souvenirs d'un Européen, Le Livre de poche, 1996.

Remerciements

Nous remercions tous ceux qui nous ont accompagnés si précieusement dans la réalisation des films et du livre.

Le **Professeur Jean-Paul Bled,** notre éminent conseiller historique, ainsi que les étudiants qui nous ont aidés dans nos recherches : Lise Galand, Sarah Meyblum, Marie-Cécile Bouguet, Lucie Martin, Claire Ea, Maxime Poli, Rémi Hohenberg, Thomas Destruhaut, Luc Perrin.

Notre assistant **Antoine Dauer,** de père allemand et de mère française, qui nous a aidés à mieux appréhender la complexité de cette histoire, avec notre autre assistante, **Camille Levavasseur-Blasi,** qui a coordonné la recherche historique pour la mise en couleurs des images noir et blanc.

Toute l'équipe de production de **CC&C** dirigée par **Louis Vaudeville,** Florence Sarrazin-Mounier, Anne-Séverine Loiseleur des Longchamps, Nicole Doucy, Isabelle Pirard, Camille Gicquiaud. Sans oublier Clementine Clarke Costelle, qui a filmé le *making of* de la série.

Morgane Barrier et **Antoine Dauer** à la direction des recherches et l'équipe de documentalistes : Anne-Cécile Gaudy, William Murphy, Elizabeth Hartjens, Fiona McLaughlin, Céline Le Roux-Vincent, Jasmina Sijercic, Nike Wilhlems, Azzurra Lugari, Oliver Schulz.

Tous nos amis de France Télévisions : **Fabrice Puchault,** directeur des documentaires de France 2, et **Barbara Hurel.** Ainsi que Anh Roquet, et bien entendu Patricia Boutinard Rouelle et Dana Hastier. Merci aux chefs monteuses Dominique Brimaud, Sonia Romero, Sabine Simtob, Karine Bach, et aux artistes des effets spéciaux, Jean-François Bouret et Jean-Pierre Magdo, et à tous ceux de la « Dupli », le service de duplication, si sollicité, et si efficace. Un grand Merci à toutes ces équipes techniques qu'animent avec patience, compétence et courtoisie **François Revault** et **Philippe Vaidie,** par ailleurs le merveilleux mixeur d'*Apocalypse*.

Merci à tous ceux qui ont participé à l'aventure de la mise en couleur des images : **François Montpellier** (Tigre productions), **Emilie Cadot, Mathieu Quémy** (Transatlantic Video), aidés de Patrice Ferdinand, Eric Tixier, Thomasz Sobczak, Florian Mejean, Simon Buicanges.

Merci aux magiciens de la Filière Production **Francetélévisions Signature** de Nancy, qui donnent le relief aux photos, sous la direction de **Jean-Luc Desmond,** avec Claude Etienne, Patrick Cavrois, Arménio Galvao de Almeida, Laurent Rozalski.

Merci évidemment à toute l'équipe des Editions Acropole : Carola Strang, Isabelle Lerein, Jeanne Ollivier.

Et aussi, ne jamais oublier la voix du commentaire, celle de **Mathieu Kassovitz,** bien sûr, la bande originale puissante du grand musicien japonais **Kenji Kawaï** et les sons authentiques de **Gilbert Courtois** (Airbil), et tout le travail des attachées de presse de France 2 **Sophie Tonelli** et **Emma Meguerditchian.**

Nous avons évidemment oublié beaucoup de monde. Pardon ! Et merci…

Table des encadrés

Crédits photographiques

Nara : 4, 5, 6, 9, 12, 13, 20, 27, 29, 30, 31, 34, 37, 38, 39, 43, 45, 47, 48, 49, 59, 61, 63, 65, 70, 71, 75, 76, 77, 78, 85, 86, 87, 88, 89, 103, 106, 107, 108, 109, 110, 117, 118, 126, 130, 131, 137, 142, 148, 152, 154, 156, 164. **DR** : 9, 27, 30, 31, 33, 34, 37, 38, 39, 44, 52, 53, 54, 56, 57, 58, 65, 66, 67, 69, 79, 81, 83, 92, 95, 97, 98, 100, 101, 102, 104, 105, 110, 126, 134, 136, 137, 144, 145, 146, 147, 158, 160. **Bundesarchiv Filmarchiv** : 10, 11, 12, 15, 18, 19, 31, 44, 49, 50, 53, 66, 74, 82, 89, 92, 93, 94, 97, 106, 113, 115, 116, 130, 132, 133, 134, 139, 140, 141, 145. **Bayerische Staatsbibliothek** : 22, 35, 36, 39, 42, 45, 51, 57, 59, 60, 61, 62, 72, 73, 87. **Agentur Karl Höffkes** : 19, 28, 29, 30, 59, 63, 80, 121, 123, 138, 162. **British Pathé** : 12, 13, 45, 46, 47, 49, 96, 115, 132, 136. **Roger-Viollet (coll. Ullstein)** : 11, 13, 18, 43, 50, 56, 57, 128. **Atelier des Archives** : 14, 16, 53, 67, 86, 111, 114. **ECPAD** : 16, 17, 40, 41, 48, 49. **Library of Congress** : 23, 26, 28, 29, 128. **USHMM** : 58, 98, 99, 110, 122. **Jugoslovenska Kinoteka** : 55, 81, 91, 114. **CC&C** : 67, 149, 151, 153. **Rue des Archives** : 29, 50, 51. **Gaumont Pathé Archives** : 32, 55, 64. **British Film Institute** : 94, 95, 117. **LWL** : 124, 125, 126. **Süddeutsche Zeitung** : 36, 59. **Corbis** : 44, 90. **La Caméra Stylo** : 65, 123. **ITN** : 111, 120. **Chronos** : 16. **Film Images** : 21. **Film Archiv Austria** : 34. **Bridgeman/Peter Newark Pictures** : 35. **Getty Images** : 35. **Landesfilmsammlung Baden-Württemberg** : 65. **Kreisarchiv-Reutlingen** : 67. **AP** : 68. **Bundesarchiv Bildarchiv** : 91. **Lobster** : 96. **Film Images (Coll. Belye Stolby Gosfilmofond)** : 99. **Gamma Rapho** : 111. **Deutsche Wochenschau** : 112. **Gerlinde Lorenz** : 143. **Cinecittà Luce** : 144. **East Press** : 150

Page de garde avant : Nara

Page de garde arrière : DR

Dans la même collection

APOCALYPSE

aux éditions Acropole

Isabelle Clarke et Daniel Costelle

Apocalypse, la 2ème Guerre mondiale

« Ceci est la véritable histoire de la 2ème guerre mondiale, pour que les générations se souviennent de l'apocalypse. »
Mathieu Kassovitz

Le livre des documentaires au succès retentissant : près de 16 millions de téléspectateurs.

216 pages, 29 €

Beate et Serge Klarsfeld,
Isabelle Clarke et Daniel Costelle

La Traque des nazis

de 1945 à nos jours

Soixante ans d'enquêtes, de rebondissements, de procès et de drames.
Trois personnages hors du commun : Simon Wiesenthal, Beate et Serge Klarsfeld.
Trois destins admirables qui font de ce livre une œuvre incontournable.

Le livre et le DVD du documentaire
200 pages, 39 €

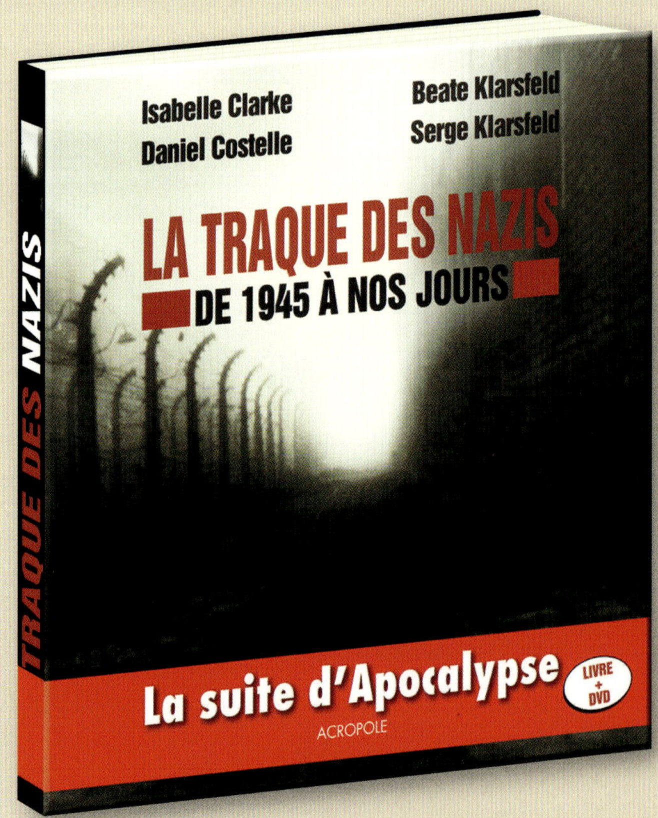

APOCALYPSE HITLER

C'est aussi...

Une série de 2 x 55 min, réalisée comme une véritable enquête policière, constituée à 100 % d'images d'archives en couleur et d'une bande sonore empreinte d'émotion. En bonus, un making of de 50 minutes !

Prix public conseillé (France) :
19,99 € le DVD
24,99 € le Blu-ray

Comment Hitler a-t-il été possible ?

Très peu de films ont tenté de répondre à cette question. Les auteurs de la célèbre série télévisée de France 2 *Apocalypse La 2ème Guerre mondiale,* Isabelle Clarke et Daniel Costelle, ont voulu donner une œuvre haletante, tout en images et en couleur, qui raconte l'ascension inouïe d'un petit peintre autrichien raté et marginal devenu le maître de l'Allemagne, et l'un des plus grands criminels de l'histoire. Tout est actuel dans ces événements qui vont entraîner le monde dans l'abîme : la crise, le désespoir qui engendre le racisme et la montée des extrêmes, et la courte vue des politiques.

Apocalypse Hitler, avec un nombre remarquable de documents filmés inédits, issus d'une longue recherche dans le monde entier, est une nouvelle saga qui vous entraînera dans la violence du combat pour le pouvoir.

La série est également disponible dans son intégralité dans un coffret collector 6 DVD et un coffret 3 Blu-ray :

Prix public conseillé (France) :
39,99 € le coffret 6 DVD
29,99 € le coffret 3 Blu-ray

http://programmes.france2.fr/apocalypse-hitler/

ACHEVÉ D'IMPRIMER EN FRANCE PAR POLLINA - L57200
Photogravure : Nord compo

Soldat allemand, 1945.